HOIKU Room
＃01

受容と指導の保育論

ひとなる書房

茂木俊彦 Mogi Toshihiko

装幀／山田 道弘
写真／川内 松男

はじめに

最近の子どもたちはたいへん心配な状況にあります。正木健雄さんの調査や提言（『おかしいぞ　子どものからだ』大月書店　一九九五年、『からだづくり　心づくり』農山漁村文化協会　二〇〇〇年、など）によれば、身体面でも育ちそびれがあるようですが、私は心理学が専門なのでそちらの面から申しますと、精神面でも育ちそびれているというべきでしょう。つまり、「気になる子」が増えているという状況です。安心して見ていられない。大丈夫なのだろうかと思ってしまう。いまはなんとか私たちのもとで支えていけるけれども、将来この子は本当にしっかりと育っていけるのだろうかと考えたとき、いろいろな面で気になる子が増えています。「ちょっと」という言葉をくっつければどの子もみんな気になる感じすらする状態です。子どもたちのなかにはその子を見るとほっとするような子もいますし、全部が全部「気になる」というわけではありません。しかし傾向として言えば、ほとんどすべての子がなんとなく気になって、しっかり育っていってくれるのだろうか、と不安になる状態にあるということです。

もちろん、すべての子どもがすべての面で気になる状態になっているというわけではありません。実際には同じ子どものなかで、すごく生きいきとした姿と寂しい姿や不安でイライラしている姿が同居しているという感じです。なかには、寂しかったりイライラする側面のほうがたいへん強く出ている子どももいます。

こうした状況をふまえてこの本では、子どもの理解の仕方、子どもとのつながり方と、保育や教育における指導とがどういう関係になるのかということを中心に考えていきます。結論を先にいえば、「子どもを受容する、子どもと共感関係を成立させるということと、保育指導、あるいは教育的指導は矛盾するものではない」というのが私の考え方ですが、本書ではこのことを具体的な子どもの姿や実践例を紹介しながら論じていくことにしたいと思います。

第一章 今日の子どもたちをどうみるか

第一節　「気になる」子どもたちの姿

●1　多動性の目立つ子ども

注意欠陥多動性障害を疑われたA君

A君は、私が頼まれて実際に園での状態を見て、お母さんともお会いした男の子です。最初に相談を受けたのが二歳でしたから、いまはもう少し年齢が上っています。ちょうど保育園でA君のことが気になりはじめたときに、NHKで注意欠陥多動性障害（ADHD）についての番組がありました。そこに登場した子どもたちの姿に照らしてみると、A君はまさに注意欠陥多動性障害の子どもなのではないだろうか、ということで私が相談を受けました。

その園は、私が以前から年に二、三回うかがっており、継続的にかかわりのある園です。いつも園長先生がA君の状態をビデオに撮って送ってきてくださいます。事前に私がそれを見ておき、当日はしばらく保育のなかでのA君の姿を見て、それから保育者の方々と話し合うという段取りになっていました。

ビデオのなかに散歩の場面がありました。A君はすぐにアスファルトの上にごろんと横になってしまいます。先生が「じゃあ、早くおいでね」と先に行ってしまうわけにはいかない状態です。立ち上がるとダーッと走り出すからです。先生は常にA君にくっついて、なだめたりすかしたりしながら立たせて手を引いて歩いていくのです。手の握り方がゆるいとまた走り出す姿が見られます。そして転ぶ。普通に先生と手をつないで歩く、友だちと手をつないで歩くという姿ではありません。散歩の姿そのものが本当に落ち着かないという状態です。

また途中で、よその家の玄関のところに子ども用自転車があると、それに乗ろうとする。声は聞こえませんがたぶん先生は、「これはよその家の知らないお友だちの自転車だから使ってはいけないよ」と諭しているのだと思います。がA君は、なんとしても乗ろうとします。しばらくするとあきらめて歩きはじめるのですが、ちょっと目をはなすとまた自転車の所に戻って乗ろうとする。先生がいくら注意をしても、それがA君のなかには入っていかないというような状態が目立ちました。ほかにも散歩先の公園のブランコに乗りたいとなると、先に乗っている子がいてもその子の上に乗ろうとします。乗っている子は嫌がってブランコをギュッと握りしめて降りようとしません。するとA君は無表情でその子をつねるのです。相手が泣くとますますつねって、大騒ぎになる場面が見られました。

園では午後のおやつの場面などを観察しました。お昼寝が終わって着替えをします。服を脱いでトイレに行き、新しいシャツを着たりする着替えの場面では、裸になったとたんに走り出して止まりません。ようやくトイレに行ってくるとまた走り出す。そのうちに毛布をもって、それをしゃぶりながら横になるという姿がありました。やっと服を着せておやつになると、今度は立ったまま食べはじめます。一品めを口の中に入れている間に二品めのおやつのほうに目がいき、それをつかんで口に入れようとする。でも口の中はいっぱいだから、すでに口に入っていた物は左手でほじくり出して捨てる。噛んで、呑み込んでというのではなく、次から次へと手をのばすのです。たぶんもう一品あったらそれもまた口に入れるのだと思います。そんな状態で、自分の分が食べ終わると友だちの物に手を出します。そしてそこでまたケンカ……の繰り返しです。

おやつが終わるとまた走り出します。小さい子がいてもかまわず、まるで人がいないところを走り回るような状態です。ぶつかって相手が倒れても意に介さず、傍若無人という言葉がぴったりです。

最近話題になっている注意欠陥多動性障害は、注意の面で著しい問題を抱えている子ども、多動性の面で著しい問題を抱えている子ども、両方ともある混合型という三つに分類することができます。だいたい七歳くらいまでに発症して、家庭と園などと二ヵ所以上の生活の場所で、注意の問題や落ち着きのなさ、さらに激しい衝動性などの症状が認められる場合に、注意欠陥多動性障害と診断します。

A君の場合は、多動性が非常に強い子どもだということはあきらかでしたが、注意の持続がどのくらいか、集中度がどのくらいかということについては、園での観察やビデオの場面ではよくわかりませんでした。しかし、何か問題があることはたしかでした。ただ私は、ビデオで見ても直接見ても精神医学的な診断の基準にはそれなりに当てはまりますが、即座にはこれが注意欠陥多動性障害の子どもだと断定はできませんでした。またそうするべきではないというふうに思い、家庭のようすなどもうかがいました。

園では必ずしも十分に家庭の状態が把握できていたわけではないのですが、一つわかっていることは、A君の母親がシングルマザーであるということでした。シングルマザーだと必ず子どもが落ちつかないということではないのですが、このお母さんは中学、高校とつっぱっていた女性でした。高校時代にそうした状況のなかで知り合った男性の子どもを妊娠し、相手が結婚してくれそうだったので産むことにしたのですがその男性はいなくなってしまい、結果としてシングルマザーになったのです。そのため高校を中退し、いまは働いています。でも朝から夕方まで同じ職場でずっと働くことが苦痛で、もうちょっとブラブラしていたいというような気持ちにもなるのですが、そうすると首になってしまうのでがんばって働いていたようです。そんなわけでお母さんは心身ともにたいへん疲れており、ストレスがたまっているように思われました。

保育園では、夕方降園してから寝るまでの約三時間のA君のようすがよくつかめませんでした。どうもお母さんは家に帰ると寝てしまうのではないか、夕食はどうしているのか、お風呂はどうしているのかなど、よく実態が把握できない状態でした。ただ夜の九時に起きていることははっきりしていました。というのは、お母さんの話を聞いていると、毎日九時からはじまるドラマを見ていることがわかっていたからです。

また朝A君を送ってくるお母さんからは、毎日ではないけれどもアルコールの匂いがしました。それは前の晩に飲んだものの残りか、あるいは朝からちょっと飲まないと動けないのかよくわかりません。しかもときどき体罰も加えているようでした。会ってみるとやさしいお母さんなのですが、いろいろな面で非常にストレスがたまっているから、子どもが言うことをきいてくれないとなると体罰を加えることが、どうも頻繁にあったようなのです。

保育の力で少しずつ変わっていったA君

注意欠陥多動性障害というのは、基本的には脳になんらかの微細な損傷、あるいは脳の組織に器質的な問題がはっきりとは認められなくても、働きの面でアンバランスが出ているなど、なんらかの脳病理が疑われる場合をいいます。A君の多動性がそこからきているのか、それとも生活環境、とくに親子の関係からきているのか断定はできません。もしかすると両方重なっているかもしれません。

しかし、いずれにせよA君の場合、おそらくお母さんに全面的に受け入れてもらったという体験をあまりもっていなかったでしょうし、お母さんに即座に受け入れてくれということも容易ではないと思われました。そこで私は、いろいろあるだろうけれども担任の先生がまずがんばって、A君を大きく包み込むような感じで受け止めて、A君が安心できるような時間を少しでももてるようにしていってほしいとお願いしました。そして、それをしながらお母さんのほうにもだんだんと働きかけていってほしいということを助言して、ようすを見ることにしたのです。専門機関では、よくわからないときに「ようすを見ましょう」と言うことがあります。何も方針を示さずに「ようすを見ましょう」と言うのは一番いけないことです。それは私も自覚しておりましたから、非常におおまかですがそのようにヒントを出してようすを見るようにしたのです。

そうしたところ、二、三ヵ月ほど経ったころ、担任から「耐えがたい」という訴えがありました。多動はおさまらないし、友だちに対する攻撃性も非常に強くなっている。保育者自身甘えさせることと受け入れることとの関係がよくわからず、「私はとても担任を続けられない。ノイローゼになりそうだ」という話でした。どうも最初の私の助言が不十分だったようです。大きくかまえて受け入れることと同時に、最低限叱るべきところは叱るという助言だったのですが、これは実際にやろうとするとたいへんむずかしいことです。A君の場合、気にかかったことすべてを叱っていたら、朝から晩まで限りなく叱っていなければいけないような状態の子どもです。かといって全部受け入れていたら、それこそノイローゼになってしまいます。

そこで、友だちに暴力的にかかわるとか、あるいはA君自身が危険なこと（パーッと飛び出すなど）をしたときには厳しく叱ったり、体で抱きとめたりすることをもう少し導入してみてはどうだろうか、と申し上げました。こうしたやりとりや保育園での試行錯誤があり、いまでもまだ多動なところは残っていますが、少しずつ落ち着いてきました。

A君はその後病院にもいき、「注意欠陥多動性障害だから薬を飲ませましょう」と言われたそうです。A君の問題は注意欠陥多動性障害なのか、環境性のものなのか、私としては未だ確定的なことは言えないような状態です。しかしたしかにA君は、保育の力で少しずつ変わっていったのです。

●●2　コミュニケーションがうまくできない子ども

言葉が十分発達していない

A君の場合は、注意欠陥多動性障害かもしれないという極端な例ですが、ほかにもいろいろな面で落ち着きのない子どもがいます。

まず言葉が十分に発達していない子どもが目立ちはじめています。ベラベラしゃべるけれどコミュニケーションがうまくできない、という子どもたちです。しゃべっていることに対してこちらが応えようと思って言葉を準備しているうちに、スーッとどこかへいってしまい、なんのために話しにきたのかと思ったりする子どもです。さらには、ほかの子どもや親、保育者などとの人間関係のなかで、他人の気持ちがあまりよくわかっていないのではないかと感じられる子どももいます。そんな子に対しては、こちらからいろいろな指示や褒め言葉、禁止の言葉を話しかけてもなかなか入っていかないような感じがします。

つまり子どものほうから発信してくるのだけれど、それに対する受け答えを要求し

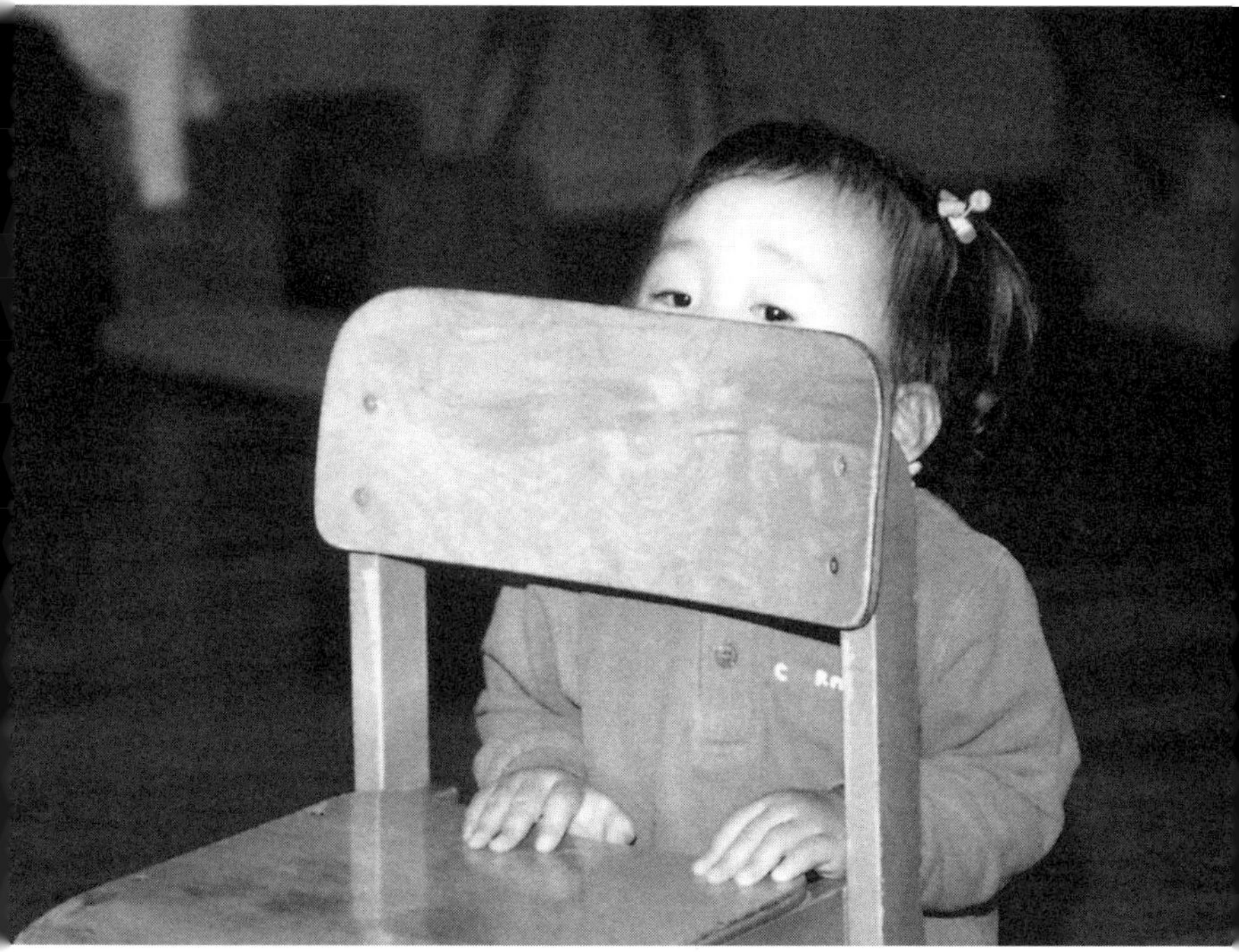

ているのかいないのかよくわからない。あるいはこちらから発信していくのだけれど、それを受け止める面でうまくいかないと保育者が感じている。このようにコミュニケーションの面で、やり取り、やりもらい関係がうまく成立していないような子どもたちです。

たとえば、おもちゃを「貸して」というと貸してくれる。「これ、使う?」と聞くと「うん」といって受け取る。これはおもちゃを媒介とした〝やりもらい関係〟です。言語的コミュニケーションとは、おもちゃではなくて言葉そのものでの〝やりもらい関係〟です。送り手と受け手がいて、送り手と受け手が交代したりします。それがどうもうまく成立していないような、そういう意味での言葉の未発達な子どもたちがたいへん目立ちます。

また、話す言葉に何か子どもらしさがなく、大人のしかも品のない言葉を連発する子どもたちも増えています。それは周りの大人がしゃべった言葉かもしれないし、テレビに出てくるキャラクターの使う言葉かもしれませんが、「てめぇなんか、しんじまえ!」などという言葉があいついで飛び出してきたりします。どこまで意味がわかってしゃべっているのでしょうか。

脅すような言葉で大人の注意をひくBちゃん

Bちゃんが通っていたのは保育室が二階にある保育園でした。Bちゃんはときどき、「飛び降りるぞ！」と言って窓のところに走っていくのです。先生はびっくりして即座にとんでいきます。二度目、三度目になっても〝飛び降りるなんてどうせ言葉だけだ〟なんて言っているわけにはいかないものだから、Bちゃんがそう言うたびに先生は走っていく。もちろんBちゃん以外にも子どもたちがいますから、保育そのものがどうもうまく展開できないと、その先生は悩んでおられました。

Bちゃんは「飛び降りるぞ」と言うだけでなく乱暴な行為もするのですが、「気づくと私の膝の上で赤ん坊みたいに甘えている姿があったりして、その落差が非常に大きいのです」と先生がおっしゃるので、「虐待はありませんか？」と聞いてみました。被虐待児のなかにはそのような姿を示す子どもがときどきいるからです。そのときはよく把握していないと言われたのですが、その後いろいろ調べてみたところ、やはり被虐待児であることがわかりました。

両親は離婚していてBちゃんはお母さんと暮していたのですが、週に二、三回お父さんが泊まりにくるというのです。くるとお酒を飲んで、お母さんにも子どもにも暴力をふるう。Bちゃんが「飛び降りるぞ」と言うのは、どうもお父さんがお母さんに暴力をふるったとき、「飛び降りて死んでやる！」と言っていたお母さんの言葉からきていたようです。お父さんがこない日は、普段いじめられているお母さんがBちゃんに暴力をふるうのです。ですからBちゃんにしてみると、毎日お父さんかお母さんのどちらかにやられているような状態です。おそらく行動面でのいろいろな問題もそういうことが影響していたのだと思います。そして言葉の面ではとくに脅すような言葉によって人の注意をひき、「自分にも対応してよ。こっちを向いてよ」と先生にサインを送っているような感じの子どもでした。

このように言葉の未発達の子どもがたいへん増えています。しかし言葉の未発達、コミュニケーション力の低下は幼児だけではないのです。大学生までもがそうです。いいえ、社会人までもというべきかもしれません。

●●●3　がまんできない子ども

言語コントロール力の欠如

さらには、がまんができない子どもも増えています。言い換えると欲求不満に対して耐える力が弱いような子どもたちです。もちろんすべてにおいて耐えなければいけないということではありませんが、それにしても、ちょっとしたことで即座に人を突き倒したり、噛みついたり、なぐったりと、好ましくない行動をしてしまうのです。

たとえば、「貸して」と言いながら貸してくれるのを待っていられない。大人と子どもをいっしょにしてはいけませんが、お土産をさしあげようとすると「そんなご心配なく」なんて言いながら手を出す人がいたりしますから、大人同士でもそれはあるのですが……。子どもの場合、最初は言葉だけが入っていきますが、大きくなっていくとともに言葉のコントロール力がだんだんできてきて、「貸して」と言って相手が貸してくれるまで待って、「いいよ」となったときはじめて借りられるという関係ができてきます。まだ言葉が自分の行動をコントロールする力を獲得していない二歳児が待っていられないというのならばわかります。二歳児は「貸して」という言葉を教えてもらうと、手を出しながら「貸して」と言うのですから。口では「順番よー」と言いながら友だちをかきわけて前に出ていく子もいたりします。それが、だんだんとほかの面での力がついてくるのに伴って、言葉で行動をコントロールする力、言語コントロール力がついてくるのです。

ところが二歳よりもうちょっと年齢が大きくなっているのに、何か矛盾にぶつかると行動化する、行動に出てしまう子が目につきます。英語ではアクティング・アウト(acting out)といいます。それが好ましい行動であればそれほど問題にならないわけですが、とりわけ対人関係その他において衝動的な行動となって表われるのです。ですからケンカが絶えないという状態が見られるわけです。

第二節　子どもたちに育ちそびれているもの

ところで、いま子どもたちが抱えている問題は、乳幼児期だけのことではなく、ある意味でもっと年齢が上の思春期や青年期の子どもたちの問題でもあります。とりわけこのところ「十七歳問題」がいろいろなところで取り上げられており、たいへん目立っています。でも若い親たちが子どもを虐待したり、あるいは死なせてしまう。それもちょっと考えられない形で子どもを死なせてしまった、などという事件があいついでいるのをみると、私は「十七歳問題」という年齢の限定は正しくないと思います。もう少し下の年齢から二十代にまで及ぶ若い人々の暴力や衝動性の問題、と考えたほうがいいのではないかと思っています。こういう子どもたちの心の内部で何が起こっているのか、何が育ちそびれてしまったのかをみていくと、とくに次にあげる三つの問題を共通して抱えているのではないかということがみえてきます。

●1 相手に対する共感能力

一つは、他者との共感能力が未発達であるという問題です。共感とは、相手の心がわかること。もうちょっといえば心の痛みやよろこびがわかるということです。具体的には、こんなことをされたらつらいだろうなあ、自分がそうだったらどうだろうかと、相手の表情や身体の表現から読み取って相手の心を感じ取る力です。対人関係における想像力と感性の発達にたいへん問題があるということもできると思います。

これは大人の共感能力の欠如、あるいは大人の子どもに対する働きかけ方の問題がこういう形として表われてきていると思っています。大人（父親、母親、場合によっては保育者を含めて）自身に、子どもの内面生活を探り当てる、わかろうとしていく努力が欠けているがゆえに、子どものなかに他者への思いやりや共感の能力が育ちにくくなってきているのではないでしょうか。たとえば子どもに「これ、ぼくはやりたくないんだよ」と言われた大人は、「ああ、そう」と言葉どおりに受け取るだけで、本当はやりたいのかもしれないなどと考えながら受け止めることをしない。こうしたことの繰り返しが、言葉の奥にあるものを感じ取る力や、痛めつけられたら本当につらいのだろうと感じ取る力を育ちにくくしているのではないかという感じがしています。

すなわち、本人自身が本当の意味で大事にされてこなかった結果として、相手に対する共感能力が十分発達しきっていないということになっているのかもしれないと推測しています。このことはのちほど第二章の「子どもに尋ねる気持ちになる」のところでもう少し詳しくふれたいと思います。

●●2 経験と結果をつなぐ力

もう一つは、行動結果の予知能力の問題です。思考をくぐらせて行動する力が未形成であるということです。これをやったらどうなるかというように、結果をあらかじめ考える。思考をくぐらせて自分の頭のなかで考えて行動する、そういう力が未形成なのではないでしょうか。思い立ったらすぐにやらなければ気がすまない。あるいはすぐにやってしまう、ということです。文字通り〝衝動性〟と言っていいと思います。

誰でも衝動買いをしたことがあると思います。お店にいって「○割引」と書いてあると、元の定価は高いのでは……なんて考えない。正札の上に新しい値段が貼ってあったりするとはがして下を見る。するとそこには案外高い値段が書いてあったりする。けれどそれ自体が本当かどうかなんて疑わないでパッと買ってしまう、ということがあります。思考をくぐらせないで買ってしまい、あとで〝しまった！〟と思ったりするのです。

結果を予測することができないというのは、幼児期からの経験と考える力の結合が不十分だった結果ではないかと考えます。いま主に問題になっているのは思春期の子どもや青年の問題ですが、幼児期からずっとつないで考えてみると、これは経験したことを言葉でしめくくる、評価するという経験の不足であると言い換えてもいいのではないでしょうか。

もちろん、幼児がいつもあらかじめ考えてから行動していたら気味が悪いです。もともと幼児はある程度衝動的なのです。「よく考えてね」などと言われても、やりたいからやるのです。先生に繰り返し教えてもらうなかで、次第に「貸して」と言って友だちが貸してくれるまで待てるようになっていきますが、基本的にはやりたいことを思いきりやっていくのです。そしてそのような生の経験をすると、何らかの結果ができてきます。いま子どもたちに不足しているのは、そうした一つひとつの経験と結果をつないで考えることです。

これには大人がかなり重要な責任を負っています。あそびで何かをしたとき「こんなおもしろいことができた。よかったね」と言う。あるいは絵を描いたり工作をして「途中ちょっとうまくいかなかったね。でもがんばったからできたね」と、やったことと結果を結びつけてよかったとかうまくいかなかったとか、この次はがんばってみようというふうにしっかりとしめくくることが大事なのです。もちろん、ただ「がんばれ、がんばれ」と言うだけではだめです。経験したことと結果の関係をちゃんと結びつけるようにすると、それが結果を予測する力へとつながっていくのです。

いま、子どもたちの生の経験が非常に不足しているとよく言われます。だからといってたくさん経験させればいいというわけでもありません。もちろん自然や文化にふれるなど、たくさんの多彩な経験をしたほうがいいのは明らかですが、たいせつなのは、やったことの結果を言語的にしめくくって評価し、つながりがわかるようにする働きかけです。それがないと力として身についていかないのです。

くどいようですが、言葉でしっかり「よかった」とか「もうちょっとがんばればよかった」と評価をしていくということです。これを日々の保育で言うと〝やりっぱなしをやめる〟ということになるかもしれません。やったことに即して言葉をかけてやることがたいせつなのです。年長さんならみんなで話し合いをしてみるのもいいでしょう。そうするなかで力がついていくのです。とりわけ発達心理学的に言うと、一番最初の節目として、七歳くらいまでの間に経験と結果の関係をつなぐこと、もう少し先まで見通せば、九、十歳くらいまでに経験したことを言葉でつないで総括することがたいせつです。あえて総括という言葉を使いたいと思います。

子どもは、とくに小さいときはだいたい結果論で発達するのです。そして幼児から小学校の低学年までは衝動的な面を強くもっているのです。ただその衝動性をコントロールする力、自己コントロール力、自分を律する力というのは、衝動的に動いた結果をどう総括するかにかかっていると思うのです。子どもに「考えてからやりなさい」といくら言ってもだめなのです。むしろ子どもにやりたいことをどんどんやらせて、やった結果とそこに至る経過を自覚させる取り組み、因果関係をはっきりさせる取り組みが、いま求められているのではないかと思います。

それと同時に留意しておきたいのは、全部が全部褒める必要はないということです。プロセスと結果を結びつける際に、「〇〇ちゃん、なんとかがんばったね」「ちょっと途中で手を抜いたんじゃないかな」などと、できるだけプロセスと結果に即して評価することがたいせつです。がんばったけれどできなかった場合も、その気持ちをちゃんと言語的に表現してやりながら「がんばったね」と評価することです。一生懸命がんばっても結果がでない場合だってあります。ですから「本当にいろいろやってみたけれどうまくいかなかったね。今度はがんばろうね」とプロセスを重視しながら評価することがたいせつなのです。

言葉で評価するといっても、一つひとつの行動をいちいちこれこれこうだったからよかったねなんて言っていたら、生活が楽しくなくなってしまいます。大事なところで適切な言葉をかければいいのです。保育者に望みたいのは、これはとくに大事な取り組みだと考えたとき、あるいはこの子はいま、この子にとって大事な経験をしたのだと考えたときには、ぜひ言葉をかけていただきたいということです。大事なところでしっかりと言葉でくくってやって、子どもにわかるようにすることです。リアルに現実に即して、これこれこうだったからこうなったねという因果関係を的確につかんで、言葉を添えてやったり、本人に考えさせるということを積み上げていくと、子どもの力になっていくと思います。このことがいずれは、やる前に「ちょっと待てよ」と考えて結果を予測していく力になるのです。経験が豊かでそれがちゃんと総括されていれば、結果を予測する予知能力につながっていくのです。逆にそこが中途半端だとうまくいかないのです。

●●●3 自己肯定感の弱さ

三つ目に、こうした行動の予知能力と合わせて、子どもたちのなかに十分に育っていないのではないかと思われる自己肯定感について考えてみたいと思います。自己肯定感とは、大人の言葉でいうと「自分はここにいていい」と思えることです。この世の中に生きている価値があるという感覚です。かんたんに言うと自尊心がもてる、自信がもてることです。自尊感情という言葉もありますが、自分の尊さについてしっかり認識できる、確信がもてることです。幼児が「ぼく、生きていていいの？」と言うわけではありませんが、そういうことを感覚的につかんでいけるようにすることがたいせつです。こうした肯定感もやはり、自分が大事にされたという体験を積み重ねていかないと育っていきません。

私は障害児のことを研究していますからここでは障害児の例を紹介します。最近話題になっている学習障害（ＬＤ）児と言われるような子どもたちは、がんばっても障害ゆえになかなかうまくいかないということがあります。学習障害の問題が顕在化してくるのは、だいたい学校生活においてです。言語的な面で学習障害を抱えている子どもたちについて言えば、次のような問題がでてきます。懸命に書こうとするのだけれどどうしても鏡文字になってしまう。あるいはていねいに書いているつもりだけれどマスにおさまらない。話し言葉としてはしゃべれるけれど単語を文字で書くことができないなど。

でもよくしゃべるものだから、親からは「おまえ、落ち着いてやらないからできないんだよ」とか、「もうちょっと集中してやりなさい」「わかっているはずなのにどうしてできないの」などといろいろ言われてしまいます。極端に言うと年がら年中叱られるという状態です。そうなると、叱られてばかりで積極的に評価されることが少ないということになりますから、自分に自信がもてない状態になっていきます。

そんな傾向は注意欠陥多動性障害の子にもあります。「座っていなさい」などと年がら年中叱られるのですが、じっとしていられないから注意欠陥多動性障害なのです。叱られてばかりいるともう少し年齢が大きくなったときに、自分に自信がもてなくなったりします。障害児の場合は非常に顕著にそれがでてきますが、障害のない子たちでも、大事にされないと自分が大事にされているという実感はもてませんし、自分に自信がもてません。

ただしここでもさきほどと同じことが言えます。つまり、褒めることがあるから褒めるというふうにしないと本当に褒められた実感はもてないのです。褒めるべきときに褒める。妥当性をもって褒めるということです。

先日、飛行機に乗ったときにこんなことがありました。私の前のほうの席に三人のお母さんが、それぞれ一人ずつ子どもを連れて乗ってきました。お母さんたちは三人が三人ともずっと「すごいわね……」などと、決まり文句を使いながら子どもを褒めているのです。一時間ばかりの間でしたが、それを聞いている私はたいへん落ち着きませんでした。どうしてそんなことで褒めるの？　と言いたいくらいにかんたんに褒めるのです。気持ちのこもらない空洞化した言葉だけが飛んでいるという感じでした。

そうしたことでは子どもには力がつかないし、自信もつかないと思います。

最近は保育園でみていても、ときどきそう感じることがあります。ちょっと褒めすぎではないでしょうか。褒めすぎと叱りすぎという非常に賑やかななかで保育が行なわれているようです。私が見ていてそんなにがんばったとは思われない子どもにも保育者は、「がんばったね」と言っていることがずいぶんありました。褒めればいいというものではありません。褒める内容が問題で、それが子どもの実感と合っていることがたいせつであり、必要なのです。

子どもは「やった」「やったー！」と自分自身で何かの手ごたえを感じているとき、それにぴたっと対応して、「やったね」と言ってもらえると素直に受け入れることができるのです。言い換えれば、手ごたえがないのに褒められると褒めた人に対する敵意や軽べつの心をつのらせたり、自己嫌悪を強めることにもつながります。いうまでもないことですが、大人でも同様です。ちゃんとやれなかったと思っているのに褒められてもうれしくはありません。ちゃんとやれなかったときには、「がんばったんだけどうまくいかなかったですね」と言ってもらったほうが、「本当にそうなんだよ。どうすればいいかな」という気持ちになれるのです。

このように、子ども自身が手ごたえを感じたことを、大人も見てくれ、きちんと評価してくれることが、じつは自己肯定感につながっていきます。私だって完全にはできなかったけれど、途中まではちゃんとできたんだ。もうちょっとがんばればよかったんだ。もうちょっとがんばれば私だってできるかもしれない、というふうに自分を評価できるし、自分のがんばりに気づいていくことができるからです。

いま求められているのは、本当に信頼できる人間関係を築いていくなかで活動し、その活動がまた人間関係のなかで深められていくという枠組みではないでしょうか。人間関係だけが独立して重要なのではなく、人間関係をつくりながら子ども自身は活発に活動し、できたこともできないことも、あるいは失敗したことも含めて再び人間関係のなかで深められていく、お互いに受け止めていくことが大事なのです。人間関係と活動とはどちらが先というものではなく、相互に絡み合いながら発展していくものだと思いますが、そういうことを意識しておくことが必要ではないでしょうか。

●●●●4　子どもの暴力、衝動性の背景にあるもの

　ここまで他人との共感能力、結果を予知する能力、自己肯定感の欠如という三つの精神的な育ちそびれの問題を取り上げましたが、これらが結びついて、あるとき、ある衝動的な行動になって表われ、やってしまったあと初めて本人がことの重大性に気がつくということがあります。事件の加害者の述懐を聞いたり読んだりすると、たいてい認知的にはわかっているようです。つまり、たいへんなことをしてしまったということはわかるのです。ところが被害を受けた人の感情やその家族の感情までには理解が及ばないという深刻な問題を抱えているようです。本当は共感をもって被害を受けた人の感情もわかるように育ってほしいわけですが、これはたいへんむずかしく、時間もかかります。

　子どもはもともと攻撃性をもっており、それはときには残忍なほどの表現形態をとります。たとえば昆虫の体をバラバラにしたり、カエルを捕まえてきて腹に息を吹き込んでふくらませたり、地面にたたきつけたりといった行動が見られます。人間関係

においてもきょうだい、友だちなどとときには暴力を含むかなり激しいケンカをしたりします。さらに、幼児期にも思春期にもいわゆる反抗期があり、とくに後者においてはそれが攻撃性を伴って表現されることも少なくありません。

しかし最近は、攻撃性の表現とそのコントロールに重要な変化が生じているようです。かつて子どもたちが外あそびや農業の手伝いをよくしていたころは、そこに棲息する生き物に慣れ親しんでいて直接手を触れる機会も多かったので、その過程で子どもたちはそれらをもて遊び、攻撃性の対象にするという行為もしたのです。もしかするとそれは、事実上カタルシスの機能（子どもに内在する攻撃性の発散）をはたしていたと言えるかもしれません。

それとともに着目しておきたいのは、そうした行為はたいていの場合、子ども集団によって、またはその集団のなかのある子によって行なわれてきたということです。そのために集団のなかの誰かが「もうやめろよ、かわいそうじゃないか」などと言うことによって制止されました。そうでなければ、通りかかった大人が同じような注意を与えていたかもしれません。子どもたちはあそびの一環としてそのような行為をしているので、それが残虐な行為だと思っていないようです。そうした制止や注意を受けることによって自分の行為を客観的に見る、対象化する機会が与えられ、同時に攻撃対象の生き物に生命があるということを改めて認識したのだと思います。さらに感情レベルにおいても、生き物の「痛み」を感じ取ることができたのではないでしょうか。それはかんたんに言えば、認識的にも感情的にも「相手の立場に立つ」とか「相手の視点を介して自分と自分の行為を見直す」経験だと言ってよいと思います。そして、こうした経験の蓄積も攻撃性の自己コントロール力の形成に役立っていたのではないかと思います。

しかし急速に進行した社会環境の変化の結果、このような経験はぐんと減ってしまいました。生き物に直接手をふれる機会が減り、生き物を攻撃することがあっても、それは個人によって密かに単独で行なわれることが増え、他者による制止とそれに続く自己の行為の対象化などの一連のプロセスが生起しにくくなっています。そして、攻撃性は内在したまま表現のチャンスを失ってしまいました。そのため、攻撃性の自己コントロール力を形成するチャンスも減ってしまいました。

同じようなことが人間関係においても起きています。極端な少子化によってきょうだいゲンカが減少・消失してしまったため、相手の痛みを体で感じ取る経験がほとん

どなくなってしまっています。いま取りざたされている少年法改正問題は、こうした社会の変化も踏まえて考えてみますと、それは私には改悪問題だと思えます。というのは、感情レベルにまで踏み込んだ教育、再教育にこそ時間をかける必要があり、そうしたものは刑罰を重くすれば育つというものではないからです。

●●●●●5 内面に目を向けて

さきほどから述べてきた幼児たちの「ちょっと気になる」状態と、少年期、思春期、青年期において、社会的にいろいろと気になる行動をする人たちの目立ったところや内面生活とをつないで考えると、いま私たちが幼児期に何をなすべきかということが見えてくるのではないかと思っています。私たちは、幼児をみる場合はとくに、表面に表われた行動だけに反応して、「これは直さなきゃ」「これはなんとかしなくちゃ」「これは問題だ」とウロウロしていてはだめなのです。子どもたちのもうちょっと奥にあるものを探り当てる努力、子どもたちの内側では何が起こっているのかをみていく努力をしていくことが必要です。このことは幼児期だけではなく、もうちょっと年齢が上のほうまでつなげて、内面的な生活がどうなっているのかを見極めながら、子どもの実感にあったところで働きかけをしていかないと、私たちは子どもの行動一つひとつに振り回され、子どものあとを追いかけるが、ただ放置してすますばかりになってしまう気がします。

一歳児の実践に次のような例があります。これは不適応行動といった「問題」ではなく、発達上の矛盾のあらわれであるのにそれを「問題だ」ととらえそうになった保育者が、それを自らただして取り組んだという奈良の中井純子さんの記録です。

きょうは森の中で探索活動。散歩車で目的地に着くと、みんなは大きな横たわった丸太棒に乗って電車ごっこ、枯葉を集めての焼きそばごっこ、木々にかくれてのかくれんぼ、虫探しなど場所、場所でのあそびを楽しんで森の中へ。

ところが、はるかちゃんは段差のところから、いっこうに進みません。段差をやっと降りた、かと思うとまた登って、やっと登ったかと思うとまた降りて……。これを繰り返すこと○○分。やっと納得したのか、みんなのいる方向へ歩を進めてきました。じっくり自分の満足いくまでやりとげ、次に進めた瞬間。

その姿を見て、ウロウロあそびも今は大事、探索しているのだな。いろんな場面で好奇心をもって、さわって体験して自分のものにしているのだなという保育者の思いは、その行動は止めはしないまでも、どこか困ったこととして見ていたのではないか。はるかちゃんのほんとうの思いは、一つひとつの発見を見つめて、さわってあそんで十分納得して、次へいきたかったのではないか、そのことを保母に共感してほしかったのではないか。たんなるウロウロでは満足感が得られず、そのために目に映った物のみに気が引かれて、見通しをもって前へ進めなかったのではないか、ということに気づきました。

また、はるかちゃんが興味を感じた段差降りを、保母も時間に追われることなくじっくり待ってやることで、喜びと「満足感」を一緒に味わえたからこそ、もっとはるかちゃんと共感し合いたいと思うようになったのです。

そこで、はるかちゃんに対して〝ウロウロと落ち着きのない子〟と見るのではなく、あっちもこっちもやりたいという積極的な気持ちとして受け止め、その気持ちを十分満足できるように、保母が一対一ではるかちゃんに付き添い、納得できるまで一つひとつの発見に共感し、付き合うことにしました。

また、そのはるかちゃんの姿は、子どもがしたい要求は十分満足するまで満たしてあげると、子どもは必ず前へ進む、自分の気持ちが不十分ではけっして前へは進まないという確信になり、それは一歳児の子どもたちの育ちに共通する見方に変わっていくきっかけともなりました。

（『現代と保育』四二号、『「満足するまで浸らせる」ことの大事さ』より）

もちろん、子どもをこのように見て取り組むことは、いつもいつもできることではありません。現場はそれどころではない。行動の一つひとつに反応しないではいられなくて、一人の子を追いかけているとその間に別の子がどこかにいってしまう……、これが現実です。しかしこれをなんとか克服していくためにも、保育者がみんなで共同し、なんとか心のゆとりをつくりだして、目の前の子どもの姿をもう一歩突っ込んで理解することが必要です。長い目でみると、そうすることが私たちの保育、教育のあり方を変えていくことになるのではないかと思うのです。

第三節　特別なニーズをもつ子どもとしてみる

これまで注意欠陥多動性障害が疑われる子やいろいろな面で落ち着きのない子どもたち、衝動的・攻撃的な行動の日立つ子どもたちなど、さまざまな事例をあげてきましたが、みなさんの現場でもこうした精神的な育ちそびれが気になる子どもたちがいるのではないかと思います。そしてその気になり方が「ちょっと」というよりは「かなり」となると、その子のことを「問題児」というふうに見たくなります。「あの子がいるから……」と言いたくもなります。けれどもそのような見方にとどまっていたのでは、肝心な問題がとらえられなくなります。子どもたちの立場に立って、子どもの側から子どもを理解して、実践の課題を見つけていくということができません。問題を抱えている子どもは、言い換えれば特別なニーズをもつ子どもです。子どもたちは口に出して言えるわけではありませんし、自身で整理することもできないわけですが、ほかの子たちよりも一層困難を抱えていて、なんとかそれを解決してほしいと願っている子どもたちです。「特別なニーズ」という言葉は、基本的には障害児について使われてきました。最近はもうちょっと広く使われるようになってきており、発達上に困難を抱えている、あるいは学習上困難を抱えている子どもたち全体を指していうようになってきています。

子どもの権利条約には、第二十三条に「障害児の権利」という条項があります。そこでは、障害児は障害ゆえに特別なニーズをもっている、とされています。つまり障害があるがゆえに健常児と共通にもっている子どもとしての権利、いろいろなニーズを満たすうえで特別な困難がある。それは言い換えれば特別なニーズがあるということだ。したがって特別なケアを受ける権利を有する、というふうに書かれています。これを広げて言うと、障害児かどうかはわからない、または障害児でないことがはっきりしており、むしろ環境性のさまざまな原因で育ちそびれている子どもたちもまた、その状態にあるうちは特別なニーズをもつ子どもたちであり、特別なケアを受ける権利を有する子どもたちであるととらえるべきだ、ということだと思います。そして私たちには、この子たちの特別なケアを受ける権利を保障すべく取り組んでいく責務があると考えます。

「あの子さえいなければ……」とか「あの子のここが問題だから直してやろう」ではなく、「内面はどうなっているのだろうか。何か新しいこと、不安なことがあるのではないだろうか」と、その子の抱えている困難に共感的な理解を示しつつ、「ちょっとその不安に付き合ってやろう。見守ってやろう」というスタンスでかかわっていくなかで、子どもはだんだん心をひらいていき、力を発揮できるようになっていくのではないでしょうか。このように発想を転換し、そうした子どもの姿に学んで、特別なニーズにどう応えていくのかという課題を、私たち自身が設定し、深めていく必要があると思います。

第二章　より深く子どもを理解するために

第一節　子ども理解の三つの視点

●1　安心できる人間関係を築く

人間に対する基本的信頼感から自立が生まれる

子どもをどういうふうに理解していく必要があるのか。このことについては基本となる視点を三つほど提起してみたいと思います。

まず第一点目は、子どもが安心できる人間関係を築いていくということです。このことは保育実践上の課題であるとも受け取れますが、ここでは実践上の課題であるだけでなく、子どもを深く理解するためにも必要なこととして取り上げておきたいと思います。

子どもが安心できる人間関係とは、園でいうとその先生がいると安心する、あるいは心が和む、ほっとできる、という関係です。とりわけ小さい子どもの場合は、担任を中心に先生方の顔を見るとほっとする、安心できる、心が許せるなどという言い方ができますが、そういう感覚がつかめるような人間関係のことです。それは家に帰ればお父さん、お母さんの顔を見るとほっとできるという関係、ということになります。私は『障害児と教育』(岩波新書)という本のなかで、このような関係のことを「子どもにとっての心理的基地(拠点)」というふうに書いたのですが、こうした精神的なよりどころに大人がなれるかどうか、そういう関係を私たち大人がいかに築くかが問題です。

子どもは日々の生活のなかで、お父さんと接し、お母さんと接し、友だちと接し、保育者と接し、あるいは地域のどなたかと接しというふうに、非常に個別な一人ひとりの人たちと人間関係を取り結んでいます。その人たちとしっかりとした信頼関係(その人を見るとほっとするとか安心できるなど)ができていくなかで、じつはその人との関係をとおして〝人間って信頼できるものだ〟という感覚をつかんでいくのです。こういう感覚の一番基礎的な形を獲得していくことが、乳児期の発達の課題だと言われています。

このことを提唱したのは、アメリカの精神分析学者でエリック・エリクソンという人です。この人は精神分析の立場で、子どもから青年、あるいは高齢者に至るまでの発達の段階論を作り上げました。そして、乳児期の発達課題は人間に対する基本的信頼感の獲得であるというふうに規定したのです。「赤ん坊のときの発達の課題は、人間に対する基本的信頼感の獲得であり、直接的には母子関係や父子関係、身近な大人との間で取り結んだその人に対する信頼や依存をとおして、人間一般に対する信頼感を獲得していくということだ」という趣旨のことを述べています。これは乳児期に限定されるものではなく、形を変えて幼児期、少年期、青年期、大人、高齢者とずっとつながっていく人間に対する基本的信頼感だといえます。信頼、依存の対象は年齢、発達に伴って変わっていきますが、人間は誰かによりかかりながら生きているのです。誰かが自分のことを受け止めてくれるという安心感があってこそ生きられるのです。ですから人間は、本当に依存できるときに本当に自立できるのです。誰も自分を受け止めてくれない、心を許せないと感じるときには、なかなか安定しないし、自立した姿は生まれにくいのです。

子どもに尋ねる気持ちになる

ここ数年、いま私たち大人に求められるのは、「子どもに尋ねる気持ちになること」だと強く感じています。保育者も自分自身の心身の状態がいいときには、自然と子どもに尋ねる気持ちになるでしょう。乳児クラスであればとくにそうだと思います。たとえば、誰かが泣いたとします。そうすると「どうしたの？　おなかがすいたのかな」「どこかかゆいの」「痛いの」「おむつがぬれたかな」「この部屋は暑いかしら」と、子どもに向かい合いながら尋ねる気持ちになれるでしょう。そして言葉にして本当に子どもに尋ねているのです。応えてくれることを期待しているわけではないけれど尋ねている。そういうときの先生方の体は柔らかいのです。そして表情も柔らかく、声の音色も柔らかいのです。つまりやさしさにあふれている状態です。こういうときの保育者の気持ちは子どもに読み取られ、子どもも体を柔らかくして心を開いてきます。するとそこで感情の交流が成り立つのです。

私はこの感情の交流こそが非常に大事で、こういうことの積み重ねが〝子どもが、この先生は自分のことをわかろうとしてくれている〟という感覚をつかむ源なのではないかと思っています。そして子どもは、わかろうとしてくれている人には安心して身を委ねることができるのです。このことは決してかんたんなことではありません。でも保育者と子どもの関係なればこそ、がんばればかなりできることだと思います。

反対に形式的には尋ねているけれど尋ねていないときがあります。つまり文法的には疑問文だけれども心が伴っていないときです。「どうしたのよ」「きょう、何回目」などなど。「どうしたのよ」というのも英語であればクエスチョンマークをつけます。「きょう何回目」というのもそうです。ところがこの「どうしたのよ」「きょう何回目」は、尋ねているけれどぜんぜん尋ねてなくて、どちらかというと怒り、イライラをぶつけています。そういうときの先生たちの体は堅いし表情も想像がつきます。言葉もきっとキンキンしていると思います。すると子どもも体を堅くします。泣いているときなどはますます体を堅くして、そこに感情の交流は成り立ちません。心の行き交いは成り立たないのです。

しかし、きびしい状況のなかで保育していると、一人が泣くと伝染してもう一人も泣きだし、先生はカーッとなってしまうということがよくあります。そういうときは、もう一人保育者がいてくれたら……と思うでしょう。そして心の底では「尋ねる気持ちになどなれるものか！」と言いたくなるのです。ですから私たちは反省すればいいのです。「今日も尋ねられなかった」というふうに反省する。もちろん毎晩きまじめに反省していたらノイローゼになってしまいますから、適度に緩やかに反省することがたいせつです。「でも私も人間だから……」と、自分を慰めながら反省するのです。そうしながら保育者は、現実はきびしいけれどもやっぱり仕事だからとなんとかやろうとするのです。保育者が家に帰ってわが子と接するときには尋ねる気持ちにはなれなくとも、園ではなれるということがあるはずです。これは子どもたちにとってはたいへんな救いです。保育士の加配などの保育条件が改善されれば、もっともっとそういうことができるのでしょうけれど……。

そしてこのことは、保育者と子どもの関係にとどまらず、家庭での親子関係においても大問題なのです。つまりお父さんもお母さんも心身ともにものすごく疲れていてそれどころではない状況です。

労働密度が濃くなっているというのでしょうか。精神的な緊張を伴い、ちょっとした油断も許されないような仕事が多くなっています。いま多くの人が余裕のない、どこか安心できない状況で仕事をしているのです。しかも残業がある。そしてその多くはいわゆるサービス残業で、働いても全部はお金になって返ってくるわけではない。

また最近の不況で、残業が減れば減ったで現在と将来の経済生活が不安になる。だからいずれにしてもお父さんはたいへんなストレスをためているのです。これはほとんど例外はないと、私は考えています。

正規の労働者であれば、お母さんもそれは同じです。それどころか女性差別もたいへん色濃く残っていますから、一層緊張が強いかもしれません。パートのお母さんでさえ労働時間が長くになりつつあるのが現実で、長時間働かないと雇ってもらえない。それこそ必死に働かないと、いつ首になるかわからないのです。

そんな状況で子どもが泣いてごらんなさい。「どうしたの？」とは聞けないです。「あんた、毎日ピーピー泣いて、どうしたの！」と言いたくなってしまいます。ですからそこでは子どもが安心して身を任す、あるいは親子で正面から向かい合って感情を交流することができなくなってしまいます。こういう状態が一日や二日ならいいのですが、一年、二年、三年と積み重なっていくと、子どもにとっては本当にきついものになります。

大人同士が団結する

でも私たちは、それを仕方がないこととして済ますわけにはいきません。子どもは日々敏感に感じ取っていますから。たいへんきついことですが、どこかで踏んばってゆとりを作り出し、子どもに尋ねる気持ちになるようにしなければいけません。それには職場の団結が必要です。職場でみんなが支え合っているという人間関係があれば、きついけれどもちょっとは気持ちも落ち着くし、正面から保育に取り組んでいける最低の条件にはなるでしょう。そして家庭では、落ち着いて子育てをし、とくに子どもの内面を探り当てる、尋ねる、内面をわかろうとすることができるようになるために、お父さんお母さんが共同するということを自覚的にやっていくことが必要です。

ですからみなさんはぜひ、職場ではお互いに支え合える保育者同士の関係を築いていっていただきたいですし、お父さん、お母さんに対しては「それぞれの家庭にあった形でいいから共同の関係をつくって、短い時間でも気持ちを落ち着けて体を柔らかくして子どもと接する、正面から向かい合うという時間をつくってほしい」という働きかけをしていってほしいのです。

とりわけ家庭の場合は、最初から物理的に共同関係をつくっていかないとむずかしいのではないでしょうか。お互いの約束事だとか気持ちの持ち方だけでは共同はなかなかできません。たとえば、お父さんが家事を「手伝う」という形ではなく、共同する、分担するということが肝心です。私の場合も共働きだったのですが「手伝う」と言うと叱られ、「手伝うのではない。共同なのである」と言われて躾けられてまいりましたので、そのうちそれが習性になってきて自発的にできるようになっていきました。ただし分担もあまり機械的にせずに、ときには分担を交代するなど、臨機応変にやっていただきたいと思います。このごろお母さんは疲れているようだからお父さんががんばるとか、お父さんはストレスがたまっているようだからこっちだってつらいけれどお母さんががんばるとか、そういう両親の関係をつくることを、周りのみんなで援助していっていただきたいのです。

お父さんが自発的に洗濯物を取り入れて整理をしてくれたらどんなにかいいか……と思いませんか。「うちのお父さんは言えばやってくれます」というのもいいですが、自発的にやってくれたらもっといいはずです。言ってもやらないというよりはいいけれども、言わなければやらないというのはつらいことです。子どもと接していても、〝お茶碗、洗ってないなあ〟〝洗濯物を取り込んだだけで整理してないなあ〟〝これで三回分たまってしまってるなあ〟などと思っていると、子どもに「どうしたの？」なんて聞けません。あるいは言葉だけはいい調子で子どもとしゃべっているけれど気持ちは向けていない、言葉は向けているけれど心は向けていないというふうになってしまいます。

ただこれまでは男社会できましたから、お父さんが自発的にというのは、お父さんにとってもお母さんにとってもむずかしいことです。社会的にだいぶ変わってきましたが、でもやっぱりお母さんが家事のほとんどを背負っている場合が多く、働いているお母さんも例外ではありません。この問題をなんとかしなければ、尋ねる気持ちになどなれるはずがありません。

だからこそ、保護者会やいろいろな場でお互いの実情をざっくばらんに出し合って、どこでどう踏んばるかという話し合いをしていかないといけないのではないかと思います。園単位の学習会でそういう話をしますと、「お父さんに来てもらえばよかった」という感想がずいぶん出ます。まだまだ現実はあまり変わっていないのかもしれませんが、ぜひそういう方向で、ゆとりを失っている大人たちがどこかで歯止めをかける努力をしていきたいものです。

わかろうとする努力がたいせつ

子どもといっても自分とは違う存在ですから、完全にわかりません。完全にわかりはしませんが、わかろうとすることがじつは非常に大事で、そこのところで子どもとつながることができるのです。

私は、学生時代は非行問題のサークルをやっていましたし、その後心理学の研究をするようになってからも非行少年と付き合う機会がありました。彼らとかかわるなかで感じたことは、いわゆる非行少年と言われる子どもたちは、「見捨てられ感」がなければ立ち直れるのではないかということです。立ち直った人が「お母さんだけは最後まで俺の心配をしてくれたから……」と言うことが多くあります。あるいは「○○先生がいて、先生は俺が何をやっても叱ることは叱るけど信頼してくれていた。そこが自分が立ち直る重要な条件だった」という意味のことを言う青年は多いのです。誰も自分のことをわかろうとしてくれない、わかってくれないという感覚になったとき、「見捨てられ感」ができてきて、立ち直りの拠りどころがなくなってしまうことがあります。ですから、わかろうとすることこそがたいへん大事なのだと思います。

みなさん自身がそうなのではないでしょうか。職場で誰も自分をわかってくれないと思ったときはつらいです。ほかの園にはわかってくれる人がいるというのであれば まだいいけれども、そんな人もおらず、家に帰って夫に話すと「仕事を辞めたら」と かんたんに言われる。自分は働きたいと思っているのにその気持ちをわかってもらえ ない、というふうになるとちょっと絶望的になってきます。でも心のどこかで、誰か がわかろうとしてくれる、話をじっくり聞いてもらえるという感覚をもてるときには 踏んばれるのです。

そして繰り返しになりますが、これらのことをやろうとすると、労働条件などや職 場・家庭の人間関係を改善していくことを伴わないと、実際にはなかなかむずかしい ことです。でも変わるまで何もしなくてもいいということにはならない、という矛盾 のなかで私たちはがんばらねばならないのです。

●●2　発達や障害の状態像を見極める

教科書的な理解をこえて

信頼関係を基盤としながら、さらに具体的に子どもをどう理解するかが次の問題です。一つの手がかりとしては、まず障害の表われ、あるいは障害がない場合はちょっと気になる行動を中心に発達の状態像をしっかりと見極めるということが大事です。「子どもはそれぞれいろいろ問題を抱えているけれども、子どもとしてはみんな同じなのよ」という言い方があります。間違いとはいいませんが、もう一歩踏み込んで一人ひとりをていねいに見ていくときに、表われている問題や気になるところを正面から見つめて、なぜそういうことが表われてきているのかを解明していく必要があると思います。「あれこれあるけどかわいいのよ、あの子」などとだけ言っていたら、問題解決には至りません。問題を積み残し、さらに問題を重ねながらその子は歳を重ねていくことになってしまいます。

たとえば、自閉症の子どもの場合には基本的な症状が三つあります。一つは人間関係の成立がむずかしいことです。とりわけ感情の交流に困難があります。二つ目には言語発達上に困難があります。言葉を獲得していない場合もありますし、言葉を獲得しているけれどもコミュニケーションに使えるような言葉になっていない場合があります。三つ目は興味が限られることや同じことに非常にこだわるという問題があります。この三つが自閉症の中核的問題です。

しかし私は、このようなことを教科書のようなもので読んで、目の前の子どもの症状にあてはめ、「本に書いてあったとおりだ」と発見してよろこぶのではだめだと思うのです。「自閉症って最近勉強したんだけど、この子ってそのとおりね」と感動していてもだめなのです。子どもをしっかり直接に見て、直接に理解しようとすることがたいせつです。この子の場合はその症状がどう表われているだろうかともう一歩踏み込んで、直接その子について観察して考えないと保育の手がかりは得られません。

自閉症の子は人間関係の成立がむずかしいのは、たしかにそうです。目が合わない、集団参加ができないなどということは、自閉症児であればどの子にも見られる姿です。けれどももう少し突っ込んで見ていくと、うまく集団参加はできないけれどもみんながやっていることを家に帰って再現する姿がある、ということが見えてきたりします。

そこで、これはどういうことなんだろう？　と考えるのです。

実践的に子どもを理解する

たとえば、みんなが運動会の練習をやっているけれどそれにぜんぜん参加しないで、一人でウロウロしていたCちゃんが、家に帰ると友だちがやっていたのと同じような仕草をする。ここで「どうしてなのだろう？」と考えてみるのです。これは自閉症児にしばしば見られる姿で「延滞模倣」と言います。その場で真似をするのではなくあとで真似をするというものです。そうすると、Cちゃんは集団に参加せず何も見ていないようだったけれど、実際には目のすみで友だちの動きをとらえていたのではないだろうか。そうでなければ家でやるはずがない。これは、Cちゃんは人間関係を取り結ぶのは非常に苦手だけれど人間には関心がある、友だちには関心がある証拠ではないか、ということが見えてきます。ここではじめて保育実践上の手がかりができてくるのです。

集団に参加しないならまず一対一の関係をつくりあげようと、加配された先生がいつも二人で散歩にでていく。それが絶対にいけないというのではありません。しかし同時に、意識してみんなの姿が見える空間で一対一で遊ぶようにしてみる。そうすると先生からいろいろな栄養分を摂取するだけではなくて、目のすみで友だちの動きをとらえて、そこからも摂取するかもしれないという仮説も成り立ってきます。私はもともと「集団に参加できない子はまず一対一で。その次に集団へ」という段階論にはあまり賛成ではありません。参加できなくてもどこかでつながりをつけるべくチャンスをうかがうのが保育だと思っています。

また言葉の面ではおうむ返しもよくみられます。「言葉は出ているのだけどおうむ返しだから、コミュニケーションには役に立たない」と教科書には書いてあります。しかし、たとえおうむ返しだとしても先生が言葉をかけると言葉で返してくるという力を獲得している、ととらえることもできます。それは言葉のやりとりをした状況を考えるとわかります。たとえば「おやつ、たべる?」と聞くと、「おやつ、たべる」と返してくる。聞いたほうはちょっとばかにされたような感じになりますが、食べたいのか食べたくないのかくらいのことは、前後の関係を見ているとわかります。本当は食べたいのだと思ったらおやつをあげればいいのです。それが間違っていたら突き返してきます。子どもが、〝言葉をかけられたから言葉で返した。すると先生が何かやってくれた〟と感じることのことが、コミュニケーション欲求を育てていくうえでは非常に大事なのです。

そもそも健常児も満二歳前後（あるいは一歳代後半）の一時期におうむ返しをしますが、それを問題視する人はいないでしょう。むしろおうむ返しだけれど言いたいことがわかるからそれにきちんと対応しているうちに、健常児のおうむ返しはたいへん早く消え、自然と普通の対話になっていくのです。

また自閉症児は、その場に関係ない言葉をしゃべることがあります。暗号みたいなことを言ったりする子がいます。これもコミュニケーションに役立つような言葉ではないから聞き流していればいいかというと、おそらくそうではないでしょう。たとえコミュニケーションには役立たない言葉だったとしても、やはり保育、教育の立場からいえば、その言葉をとおしてこの子は何を言いたいのかと考えるのが実践的な子ども理解です。研究者は、場面に関係なくテレビのコマーシャルを言うとか、場面に関係なく何かの歌をうたうとかなどと書いて済ませている場合が多くあります。でも実践者の立場としては「たしかにそのとおりね」と済ませるのではなく、この子は何が言いたいのだろうと考えなければなりません。本当は実践現場にかかわる研究者、臨

床家もいっしょにそこを考える必要があるのですが……。

子どもの行動には必然性がある

よくあげる例ですが、私がかかわった子どものなかに、場面に関係なく「ハナマルキ」の歌（ある時期まではとくに、毎日のようにテレビで流れた味噌の会社のコマーシャルソング）をうたう子がいました。ところがふと担任が、本当にその時々の場面と関係ないのかと考えてメモをとってみたところ、それはその子の拒否の表現だということがわかってきたのです。嫌だということと「ハナマルキ」の明るい調子の歌が常識的には結びつきません。でもどこでどう結びついたのか、その子は拒否の表現としてそれをうたいます。

たとえば、鉄棒に誘うとうたうのです。鉄棒は固定遊具で、自分で自分の体をコントロールしないと使えない遊具のため、自閉の子にはむずかしい遊具です。だから苦手なのです。給食に四角く切ったおかずが出てきても「ハナマルキ」がでてくる。自閉症の子の場合は偏食といってもいろいろあり、食べ物の種類で偏食のある子のほうが多いのですが、色や形にこだわっている場合もあります。この子の場合は四角く切ったものがだめなのです。また、先生がその子と手をつないで集団のなかでいっしょにいろいろやっていて、そろそろあきてきたかなあと思われるときに、先生が手をギュッと握って「もう少しね」と働きかけるとうたいだします。

　ですから自閉症とはこれこれこういう症状であると書いてあるものを読んだり、研修などで学んだりしても、実際にはそれだけではなく、目の前の一人ひとりは、具体的にはどういう症状を表わしているのだろうかとじっくり見ていくと、働きかけの手立てが見えてくる場合があります。いまの場合ですと嫌だと言っているわけですから、「やりたくないのよね」「きょうはあなたの嫌いなものが入っているね。困っちゃったね」と受け止めて、気持ちを表現してやることができるでしょう。訴えているわけだから訴えていることを受け止めて、言語的に表現してやることはできるのです。

　先生というのはねばり強い職種です。この先生も、嫌ならそれで「じゃいいや」とは言わない。「でもがんばろう」と言う。しかしその「がんばろう」はその子にとっては、気持ちをぜんぜんわかろうともしてくれずに、またへんな歌をうたっていると思われながら、ただ「がんばれ、がんばれ」と言われるのとはぜんぜん違うのではないでしょうか。先生が子どもの気持ちをわかったうえでそれでも励ましてやらせようとするというのは、受け止める側の子どもにとってはちょっと違って受け止めることができるだろうと思います。だからこそがんばろうとしてみる姿があったりするのです。

この子の場合はこうした粘り強いやりとりを積み重ね、しだいに先生との関係がよくなって、先生の言葉がこの子のなかに入りやすくなっていきました。自閉症状がどんどん軽くなったということではありませんが、先生の褒め言葉や「こうしようよ」という指示、あるいは「だめ」が入りやすくなりましたから非常に落ち着いてきて、その先生さえいると相当いろいろなことができるくらいに力がついていきました。

ここであげた例はいずれも障害児、とくに自閉症の子どもとのかかわりの例でした。しかし障害児以外のいろいろな子どもたちが表現してくる行動の意味も、じっくりていねいに見つめて、生活・活動の文脈のなかでそれがどんなときにどういうふうに表われてくるのかを見ていくとだんだんわかってきます。少なくともやりたくてやっているわけではないということはわかってきます。こういう生活をしていたら、こういう友だち関係だったら、そうやっちゃうあの子の気持ちもわからないではないと思えることがたいせつなのです。もちろんだからいいというわけではありません。でも子どもの気持ちがわかるというところまではいきます。そこがわかってはじめて生活の建て直しや子どもに対する共感的な理解ができるのです。逆にそこがわからないまま問題ばかりを起こしているというふうに見ていると、そこから実践の手がかりが出てくることはなくなってしまいます。

ちょっとむずかしい表現をすると、子どもの行動には必然性があるということです。こういう経過できて、こういうことがあったらこうなると。全部が全部そうではなく、まったくの偶然ということもあるでしょうが、頻繁に見られるいろいろな気になる行動には必然性があります。必然性がわかったときに、私たちはその子に対してやさしくなれるのです。みなさんはどう思われますか。大人同士でも、その人の生活的な背景がわかってくると、「あの人は何かというとつっぱるけど、わかるような気がするなあ」ということがあるでしょう。そうするとその人に気持ちを寄せていくことができます。表面だけで問題だ、問題だと見ているときには、そこはけっして見えてこない、と私は思います。

加えていえば、先生同士で相談をすることもたいせつです。そうすると担任がとらえていないことをほかの先生が見ていたりして、「こういうこともあるね」などと教えてくれ、関係がよりわかってくることがあるからです。

子どもは矛盾を抱えながら発達する

もともと子どもは「やりたいけれどもやれない」とか「やる力がない」などというように、矛盾を抱え込みながら発達していきます。

一歳半から二歳ころにかけて乳児期から幼児期への発達的転換をとげます。その一つとして話し言葉を獲得し、理解でき表現できる言葉の数を増やしていきます。そして目の前にない物でも、言葉を聞くことによってその言葉が指す物の像を思い浮べることができるようになります。いわゆるイメージの誕生です。また人格面でも自分というものがまとまりをもったものとして確立してきます。何かをさせようとしても「イヤ!」と拒否したり、「ジブンデ!」となんでも自分でやろうとしたりと、子どもの内部に自我がしっかり確立されていきます。そして三歳ごろになると、こうした力を基盤にして「つもりの世界」が表面にでてきます。

ところが三歳児(平均的には二歳後半くらい~四歳未満くらいまで)だと、本人が理想とするもの、イメージしているもの、やりたいことと実際の諸能力にはちょっと

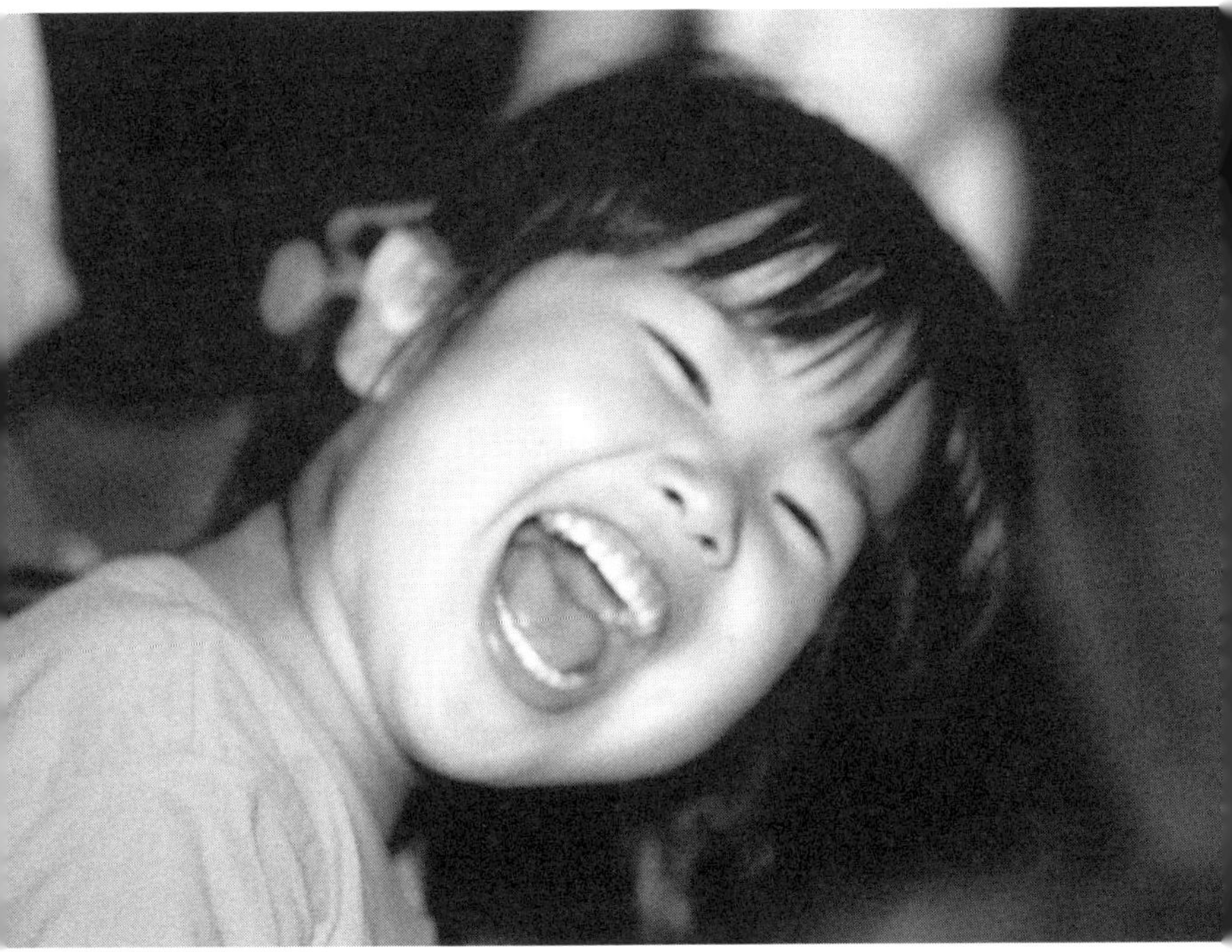

開きがあり、思いどおりにいかないというのが発達的な特徴です。私ども心理学の仲間では「つもりの世界が豊かに育つ」と言っています。つもりの世界というのは、○○するつもり、○○のことをしゃべるつもり、○○を描くつもり、○○の動作をするつもり、などです。しかし能力がそれに追いついていない時期なので、本人からすればイライラするようなことが多くなります。そしてそれは、すごくがんばってみたり、逆にかんたんにすませようとしてみたりといろいろな形で行動に表われてきます。

そうした子どもが抱えている矛盾の部分を大人がしっかりつかみ、支えていくと、子どもは達成感を味わうことができるのです。保育園でよく見られる三歳児の姿をいくつか見てみましょう。

話し言葉では、一方通行的な話し方とはちょっと違うのですが、発達的な特徴として、安定した生活をしてきた子どもでもかんたんにしか言わない子がいます。「きのうの日曜日、家で何したの?」と聞くと、「アイスクリーム食べた」と言うだけで、あとはいいでしょという感じで答えます。それは、「きのう何したの?」と聞かれるといろいろ思い出すけれど順番を追ってていねいにしゃべっていく言語能力が伴わないから、一番目立ったことや楽しかったことだけを言って、あとはわかってもらいたいという感じになるのです。

でもそれしかしゃべれないわけではなく、「誰に買ってもらったの？」と聞くと「お母さん」と答える。「お母さんにアイスクリームを買ってもらったんだ。どこで？」と聞くと「スーパー」。そうして対話をしていくことによって、その子が言いたいことを言語化していくことができます。大人が手伝ってやることによって、子どもは言いたいことが表現できるのです。放っておいたら言いたいことと話す能力との間に矛盾を抱えているその子は、言えることだけしか言いません。

また子どもによっては「それでね。えーと、先生ちょっとまってね、えーと……」と、えんえんとしゃべる子がいます。「お母さんがね、お母さんがね」と何回も言ったりします。そんなときの子どもは次の適切な言葉を探しているのです。私の父親は中学校の校長でしたけれども、朝礼などでしゃべるときに「えーと」と言うことが多かったので、エーちゃんというあだ名がついていたようです。「えーと」と言って次の言葉を探しているのです。三歳児というのは非常にそれが多いのです。だからこちらが言葉で補ってやると、子どもは表現できたという体験をしてすっきりするのです。

絵もそうです。たとえば、みんなで芋掘り遠足にいって楽しかったことを描かせようとします。ところが描画表現の能力が十分ではないために○をたくさん描いて「みんな」を表現しようとしたり、「芋」を表現したりする子がいます。そこで保育者が子どもたちの絵を指さしながら「○○ちゃんこれは?」と聞くと「△△先生」と答えたりします。だから絵が描けないということではないのです。人形を描くのだったらじょうずに描くけれど、経験したことを表現しようとするとそうなるのです。ということは、人形を描くとじょうずに描くからその子は絵がじょうずということではないのです。むしろへただけれど一生懸命描いた丸がいっぱいの絵を見ながら、「これは?」「これは?」というふうに対話をして、その子の絵の世界というか心の奥にある世界を探り当てる、わかり合うことが非常に大事です。

イメージどおりにいかないというのは、人間は一生そうです。ただ大人はイメージどおりにいかないことはわかっていますから、最初から私には無理だと考えてやらなかったり、あきらめたりするので矛盾はあまり大きくないのです。でも子どもはそんなふうには整理しません。だからこそ私たちは子どもたちを、矛盾を抱えながらそれを克服し、次の発達段階に向かって挑戦している子どもとしてみて、その姿を理解していくということが大事なのではないでしょうか。

こうしたことを念頭におきながら私たちが言語や思考、手や指の運動、体全体を使う運動、対人関係や集団参加、さらに子どもの内面に育ってきている感情や要求などの発達的な側面に着目し、子どもをていねいに見ていくと、保育の取り組みでどんなことを重視すればよいのかがわかりやすくなると思います。

●●●3　子どもが抱える生活の重みを把握する

子どもを理解する三つの視点の最後にあげたいのは、これまでも繰り返し述べてきたことですが、現在の子どもの背景にある生活がどうなっているか、これまでの生活がどうであったかをできるだけしっかり把握するということです。第一章で紹介したA君やBちゃんの事例は極端な例かもしれませんが、このような生活をおくってきたことが現在のこの子のこういう状態像につながっているのだという理解の仕方は、子どもの表わすいろいろな姿を必然性のあるものとして理解するためには大事なことです。

ところで、保育者が子どもの生活を知るためには、親と親しくなることがどうしても必要です。保護者会や送り迎えの時間ばかりでなく、それ以外のいろいろな場面でも意識的に生活者として、あるいは働く者同士として話し合うことがたいせつです。もちろん先生と保護者という関係を完全に取り去ってしまうことはできませんし、親にしても、子どもを預かってもらっているという気持ちはどうしても残ります。けれども、働いていてたいへんなこと、日ごろのやりくりの苦労、年金やその他、将来の生活についての不安など、保育者も親もそれぞれにいろいろな苦労や悩みを抱えていると思います。子育てについても、保育者だってそうかんたんではないということがあるはずです。それらのことを気楽に話し合える関係を徐々につくっていくことは、結果としてお互いの生活を知っていくことになるのです。

「何時に起きてるの?」「朝、何を食べさせてるの?」と聞く必要があるときもあります。けれどもそういうことを事務的に聞くだけでは、なかなか生活はわからないでしょう。朝起きる時間だって、親にすれば正直に言いづらいこともあるから、三十分早く起きているように言ってみたりします。保育者がそれに気づいているのなら親の話は少し差し引いて聞いておけばいいのかもしれません。しかしそれでは断片的にしかわかりません。子どもや親が抱えている矛盾も含めて生活全体がわかるためには、親しくなる以外にはないのです。そのための手段として親と親しくするわけではありませんが、現代にともに生きる人間として、お互いに思いやりをもちながらわかり合い、話し合うことがたいせつです。

また保育者の方々も、毎日りっぱな生活をしているようなふりをあまりしないほうがいいでしょう。実際にはなかなか思いどおりにはいかないという現実があります。だからといって保育者によっては全部さらけ出して話すと、かえって信頼してもらえなくなる恐れもありますから、適度に抑えたほうがいいとは思いますが、ある程度自分の生活を語るなかで、親も「じつは、うちも……」というふうになって、お互いに気持ちを出して分かち合って話をしていくことができるのだろうと思います。そうしていくと子どもの姿が見えてきます。私たち大人が文化的に、経済的に、あるいは人間関係において矛盾した生活を一年、二年重ねても、それで決定的なことにはなりません。第一大人は何十年ぶりかに会ったとしても「お変わりありませんね」と、発達していないことを確認し合ってよろこび合うほどですから、年月が経ってもあんまり発達に影響は及んでこないのです。逆に悪いことがずっと重なっても全部崩れてしまうことがないだけの蓄積があるのです。だからもちこたえられるのです。

でも子どもは、一日一日が大事です。あるいは一ヵ月、一年が大事です。子どもの三年間は大人の三年間とは発達的な意味がぜんぜん違います。だからこそ、これまでがどういう生活であったのか、現在はどうかということが重要であって、そこをつかまずには子どもを理解することはできないのではないかと思います。

以上をまとめますと、子どもを深く理解するためには、
まず第一に、子どもが安心できる人間関係をしっかりつくることです。
そして第二には、子どもの課題の表われ、矛盾の表われをつかみ、子どもは発達に向かって一生懸命がんばりながらそのなかでいろいろな矛盾を抱えているということを理解することです。そしてそれは教科書的な理解にとどまることなく、一人ひとり、この子の場合はどうか、このようにかかわってみたけれどどうだったのか、というふうに実践的な立場から見ていく必要があります。
最後に第三として、子どもの背景にある生活をしっかり把握するということです。それは土足で生活に踏み込んで聞き出せばいいというものではありません。保育者と保護者の本当の意味での連帯をつくりだしながら、結果として、子ども理解のために

それを生かす取り組み方を探っていくことがたいせつなのではないでしょうか。

第二節　集団の教育力

●1　みんなのようにやってみたい

子どもと大人の関係について述べてきましたが、やはり保育園や学校においては、集団の教育力にも目を向けていかなければいけないと思います。

たとえば保育者が「がんばれ、がんばれ」といくら励ましてもやらないようなことを、友だちがやっているのを見て、「僕もやってみたい」「私も……」と自分から挑戦してみたりすることがあると思います。最初のうちは躊躇したり、不安で硬くなって「絶対やらない」「絶対行かない」と言ってみたりするのですが、それでもやっぱりやりたいという気持ちはあることが多いのです。

私は仕事でよく保育園や幼稚園に行く機会があります。障害のある子を見て助言するのが私の役割ですから、保育を見ながらその子のようすを見ていると、健常児が私のそでを引っ張って、「ちょっときて」とか「ちょっとみて」と言って園庭へ連れていくのです。そして鉄棒をやって見せたりすることがよくあります。先生との間でやってできるようになったことを、お客さんの私に見せたいのです。私が見てやっていると、「僕も……」「私も……」と次つぎに並んできたりします。ところがそこに並べない子がいて、ちょっと離れたところからこちらをじーっと見ていたりします。そこで私が「君もやってみる?」と声をかけると、おずおずしながら「うん」と言ってやってくるのです。

練習したことを人前でやって喝采を受けたいというのが一般的な四、五歳児の特徴です。発達心理学では「役者時代」、あるいは「自己顕示の時代」と言っています。また、そこにはうまくやれなかったらどうしようという不安も同居しているので、「臆病時代」とも言います。この子の場合もすごく引っ込み思案で臆病で、みんなのようすをじっと見ながら遠巻きにしているのです。同じ発達的な特徴をもちながら、その子のパーソナリティによってはうまく「僕も……」とできない。でも、その子も「自分もみんながやることをやって見せたい」と思っているのです。そして大人がちょっと声をかけてきっかけを与えると挑戦する。背伸びしてでもがんばるのです。これが集団の教育力を示す一例です。

　年齢の開きのある子どもたちが一緒に活動する異年齢の集団であると、年齢の上の子や同じ年齢の子どもたちがやることを見ながら、私もあんなふうにやってみたいとなることがあります。活動はおもしろい事柄に動議づけられるだけではなく、友だちにも動議づけられて発展するのです。集団の教育力にはそういう面があるので、ぜひ保育者の方にはそこを活かしていただきたいと思います。

●●2　話し合いの取り組みを

　それと合わせてちょっと意識して取り組みを進めてほしいのは、子どもたちの話し合いということです。保育園児にはなかなかむずかしい面もあるとは思いますが、将来につなげて考えていただきたいのです。言いたいことを言う、がまんしないで言う、反論されてもいいから言う。この力をぜひつけてほしいのです。保育園でも年長組くらいになると行事や役割分担のための話し合いをする機会があると思います。そういうときには保育者がぜひうまくリードしていただきたいのです。言いたいけれど言えないなあという表情の子がいたら、その子の内面をとらえてちょっと支えてやりながら言葉を引き出していただきたいのです。たとえそのときは小さな声でしか話せなくとも自分の要求を言えたということがあると、それが自信につながります。そして○○ちゃんは違う意見だということを知り、みんなが同じ意見だとは限らないということもわかっていきます。また、みんなのなかで自分の意見を言いながら、ますます自分の意見がはっきりしてくることもあるでしょう。

その場合、子ども同士の信頼関係を築きながらでないと、「こんなことを言ったらいじめられるかも……」という気持ちが起きてきて、言いたいことも言えなくなってしまいますから、同時並行的に子どもたちのお互いの信頼関係をつくっていく取り組みが非常に大事です。

東京の頭金多絵さんの実践記録に、「みんなから認められて自分が誇らしく思えたえりかちゃん」の記述があります。年長組の取り組みです。

ありのままの姿を認め合って過ごせることは、とてもいい気持ちだと思うのですが、〝本当に認め合える関係〟とは、どのようなものなのでしょうか。

今日一日を振り返り、楽しかったこと、困っちゃったこと、いやだったことなど、なんでも自由に発表する〝そうさんタイム〟を年長の春から、一日の終わりに設けていました。

みんなにわかるように話したり、友だちの話を聞いたり、あしたの当番や行事を確認しながら、少し先の見通しをもったり、期待をふくらませたりと、保母があしたへつないでいくリードをしていました。

「ドッジボールが楽しかったです。あしたもやりたいです」と言うていどの発表が、「給食のときに、トマトを食べていたら種が緑のプツプツで、おたまじゃくしの卵に似ていると思いました」「お店やごっこで、小さい子がお金がないのに買いにきて困った。でもかわいそうだから一個あげました。あしたも小さい子には、お金がなくてもあげたほうがいいと思います」などと、自分たちの認識を広げたり、共感を呼びながら、みんなで生活を創り上げていくものに変わっていきました。

〝そうさんタイム〟を重ねていくなかで、それがだんだん自分たちのものになっていきました。

「ハイ、今日困ったことは、せっかく泥んこをやっていたのに、先生が〝そうさんタイムやるよー〟って呼んだから困った」と、保母に対しても批判や意見、要求など、本音が出てくるようになりました。〝こうしたい〟という要求が出てくることで、それを実現するためにはどうしたらいいのか、考え合う姿も出てきました。

保母にとっても、子どもたちの成長のために……と思ってやっていることが、あそびのじゃまになっていることがあると、〝ぞうさんタイム〟が保育を反省するキーポイントにもなりました。

そんなある日、おまつりごっこがあった日のことです。朝から、ゆかたやはっぴなど自由ないでたちで、出店や盆踊りを楽しむ行事です。

えりかちゃんは、ゆかたを着たかったのに忘れてきてしまい、朝からさみしそうな顔をしています。ふてくされて座り込んでいたえりかちゃんに、友だちから、「ぞうぐみだろう、お母さんのせいにするなよ」「自分でお母さんに言うのを忘れたんだから、がまんしなよ」「洋服の子だっていっぱいいるよ。だいじょうぶだよ」「明日忘れないようにすればいいじゃん」と、いろいろ言われてやっとあそびに入り始めました。

保母はちょっとかわいそうに思い、はっぴを貸してあげようとしたのですが、「いい！えりちゃんがまんする。あした持ってくるから」と、きっぱり断られました。でも、その日一日「ゆかた、着たかったな」って、心のどこかで思っていたんですね。その日の夕方の

〝ぞうさんタイム〟で、えりかちゃんは手を上げました。「今日ね、ゆかた忘れちゃって、いやだったの。でも自分で忘れたから……。あしたは持ってくるんだ」と、涙目でさみしそうに発表したんです。

するとみんなから「えらいね、さすがぞうぐみ！」「ママのせいにしていないもんね」「うん、ちゃんとがまんして、えりかって、すごいね」と、拍手が起こりました。えりかちゃんは、思わぬみんなからのことばと拍手にびっくり。涙目のさみしそうな顔が、うれしそうな笑顔に変わっていきました。

一日がまんした自分をみんなが認めてくれて、ほめてくれたことで、なんだか自分が誇らしく思えて、いい気持ちになって、その日一日じゅういやだったことまで喜びに変わってしまう〝ぞうさんタイム〟がとてもステキな時間に感じました。

認め合える関係があるから、〝ぞうさんタイム〟で、もっとぞうぐみになる。……大人がリードして、気づかないうちに管理してしまう帰りの会を、この年の〝ぞうさんタイム〟で反省させられました。

泣いたり、笑ったり、ケンカしたりという生活のなかで、お互いのいいところはもちろん、苦手な面や失敗や短所もなんとか乗り越えようとする姿を認め合う関係を、子どもたちと一緒につくって、いい気持ちで暮らしたいですね。

（『現代と保育』四四号、『合い言葉は「いい気持ちしてる!?」』より）

そしてこのような取り組みの積み重ねは、自分というものをちょっと距離をおいて見つめる力を形成するためにもたいせつなのです。みんなのなかで育ちながら個性化していく。一人ひとりがほかの子にとって替えることのできない存在になっていく。人と自分の共通性とともに、違いもわかっていく。みんなのなかだからこそ個性が発揮できるし、個性に磨きがかけられていくのではないでしょうか。繰り返しますが、このことはぶつかり合わないとわかりません。ですからぶつかっても安心だと思える、自分を全部出してもいいのだと思える子ども集団をつくっていっていただきたいのです。

第三章　受容・共感と指導を統一する保育

第一節　「あるがままに受け入れる」を深める

●1　葛藤する子どもの心をも受け入れる

いま学校や保育園では、受容とはどういうことか、そしてそれは指導とどのような関係にあるのか、ということが実践上の大きな問題になっています。たとえば、登校拒否・不登校の問題を考えたり、そういう子どもたちに対応していく場合に、「学校に行かなくていいんだよ」「あるがままにいればいいんだよ」と言うのがいいのだとよく言われます。このことを入り口にして「受容とはどういうことか」をもうちょっと深めて考えてみたいと思います。

「学校に行かないで生きるという生き方もある。行けないのなら行かなくてもいい。あるがままに生きていきなさい。それを私たちも受け入れますよ」というのは、これはこれとして間違っているわけではないと思います。子どもたちは客観的に行けないでいる状態、あるいは行かない状態をあるがままに受け入れられているという安心感を得ることができるでしょう。

しかしさらにもう一歩子どもの内面に立ち入ったところではどうでしょうか。子ども自身はやっぱり行きたいと思っているということはないでしょうか。おそらくほとんどすべての子どもは、やっぱり学校へ行きたい、みんなと同じように友だちと会い、勉強し、そのほかの活動をやってみたい、けれども行けない、と葛藤しているのではないでしょうか。「行けなければ行かないでいいんだよ」という言葉は、そういう苦しい矛盾した状態のなかで生きている子にとっては、ある程度は自分を慰めてくれる言葉であっても、結局深いところではわかってくれていないという実感は拭えないだろうと思います。いったんは自分が悪いことをしているわけではないと、親や周りの大人はわかってくれていると安心しますが、学校へのこだわりはそうかんたんには消せるものではありません。またこだわってあたりまえだと私は思います。

学校に行けないでいる子どもたちはときどき、友だちに電話をかけて「明日から行くからね」と言ってみたり、友だちや親と約束はしないけれど密かに学校に行く準備をして、かばんに教科書やノートを入れたりしているのです。けれど朝になると体が動かないという状態なのです。ですからそこにはたいへん強い学校への願い、友だちのなかにいたいという気持ちがあるのです。でもそれがうまく実現しないことへの苛立ちや悔しさ、あるいは情ないと自分を責める気持ちなど、いろいろなものがあるのです。この点が不登校・登校拒否の子どもを理解するときに、私たちの側で自覚しておかなければならないことだろうと思います。

「学校に行かない権利だってあるんだ」という言い方をする人がいます。それは本当に子どもたちと話をして、子どもたちの行きたいけれども行けない状態にまで立ち入って理解しながら行なう問題の提起の仕方でしょうか。行かない権利と言う前に、行きたくても行けないその葛藤した状態、たいへんつらい状態を、その子にそって理解することこそが大事なのではないでしょうか。

あるがままに受け入れる、受容するというのは、客観的に認められる、その子の外面的な行けない状態そのものをまずもって認めることと合わせて、「行きたくても行けない」と葛藤し揺れている内面的な状態をも含めてあるがままに受け入れなければなりません。矛盾、葛藤している状態に共感を寄せながらそれを理解するということが、あるがままに受け入れるということなのだというふうに思います。

このことは、不登校・登校拒否の子どもたちに限らないと思います。子どもたちをあるがままに受け入れるということは、子どもたちが感情のおもむくままにいろいろな行動をしたり、乱暴な言葉を吐いたり、友だちとの関係でするいろいろな振る舞いをあるがままに認めるということにとどまらないのです。自覚はしていないかもしれませんが（とりわけ幼児などは）うまくいかずに悩んでいる、そうせざるをえなくてそうしてしまっているその状態、とくに内面の、非常に矛盾し葛藤している状態をも含んで、ある場合は冷静に、ときには大人として子どもに対する愛情に裏打ちされた気持ちでもって、しっかりと見極め、そういう状態、そのようにならざるをえない気持ち、そのようにせざるをえない行動のパターンを、しっかりその子にそって理解することこそが肝心なのです。

私たちの側に何か基準があって、それに合わない状態を「問題だ、問題だ」と言ったり、表に表われている姿だけで子どもを理解するのではなく、目の前の子どもから出発し、その子に即して理解することを実際に行なうことは容易ではありません。しかし、それこそが非常にたいせつなのではないでしょうか。

●●2　子どもに働きかけながら理解する

私どもが相談にこられる方に臨床心理的にカウンセリングを行なうときには、椅子に座って向かい合っていろいろお話をうかがいます。そういう状態でクライアント（相談にこられる方）が自分の考えていることや悩んでいること、ぶちあたっている問題について話をされます。それをその人が語る筋にそって理解していき、「こういうことですか」「こんなふうに私は理解しますがそれで正しいですか」と確かめていきます。でも保育者や学校の先生が子どもを受け入れる、受容するためには、ただ「この子はこういう状態なんだ」「心のなかでこう思っているのではないか」という理解にとどまっていてはならないと思います。

実践的に子どもに働きかけて、子どもがどんな感情を表現してくるのか、どんな行動をするのか、どんな言語表現をするのか、そして子ども自身がどういうふうに変わっていくのか、なにか堅い部分をもっていて、なかなか変わっていかない部分があるのではないかということまで含めて、働きかけとの関係で反応してくる子どもたちの姿をしっかりと受け止め、それをあるがままに受け入れていくことが必要です。

ここでひとつ実践例をあげておきましょう。わかりやすくするためにやや長く紹介します。東京の今成ゆかりさんと原田広子さんの取り組みです。

四歳児クラスから入園してきたRくんは、みんなのなかで思うようにならないことがあると、そのたびに怒ります。

その怒りかたが「やだよ〜」というなまやさしいものではなく、「うるせー！」と怒鳴るわけです。そしてすぐにキレて、ドアをドカーンと蹴飛ばしたり、テーブルや椅子を全部倒すとか投げたりして、いわゆるパニック状態になってしまいました。

今成さんたちは、Rくんの言い分をいっぱい聞いていくこと、腰をすえて取り組んでいくことにしました。こう書いています。

まず考えたことは、やはり、Rくんの言い分をいっぱい聞いていかなくてはということです。彼の日々の姿を全職員の前にだして、どう受けとめたらよいかをくりかえし話し合いました。

とにかく大さわぎしても大人が落ちついて受けとめていこう、と決めたのですが、実際何かトラブルがあると、こちらがいくら「Rくん、わかったよ」と落ちついてやさしく言っても聞き入れません。「うるさい、さわるなー」「つべこべいうなー」とか、「あっちに行けーー！」「表にでろ！」と、とにかく手がつけられない状態でした。

でも、私たちはそれに負けているわけにはいきません。Rくんは大人に対しての安心感がありません。ですから、ほんとうに四つに組んで受けていく覚悟が必要でした。

結果的には、一年間「とにかく、受けとめる」を続けていくうちに、Rくん自身のなかにも、聞いてもらえるという安心感、「なんでも言っていいんだ」という思いがだんだん育ってきて、ドアを蹴っ飛ばしたりするのもところかまわずするのではなく、なるべく人のいるようなところで蹴る（蹴るとすぐ誰かが来てくれるところ）ように変わってきました。

大人との関係が不安定ながらもできてきたかなーという四歳児期後半でした。

そんな状態で五歳児クラスに進級しました。五歳児になるとみんなのあこがれの活動として給食の当番があります。子どもたちは異年齢クラスの生活で、当番をすごく楽しんでやります。でもRくんは、弟が入園してきた（三歳児）ので、二人で遊ぶほうが楽しく、当番には興味を示しません。

——中略——

「年長児になったから当番は必ずやらなくてはならない」とは私たちも考えていませんでしたので、ことばはかけるけれども、強制してやらせるということはしませんでした。Ｒくんもみんながやっているのは見ているわけです。横目で見ながらも自分はやらないで、最後にご飯は食べるのです。みんなが席につき、配膳されているところには、やっぱり平気では入ってこれない、そんなＲくんでした。

私は異年齢クラスでもＲくんと同じクラスだったのですが、遅れて入室してくると最初は「きょうはテラスで食べる！」「水道のところへ行って食べる！」といっていました。それに対して「おかしいんじゃないの？　Ｒくんはたんぽぽさん（異年齢クラスの部屋の名称）のお部屋のお友だちだし、みんなもいっしょに食べたいと思ってるよ」と話すと、「わかってるよ、やりゃいいんだろ！」とふてくされる。とにかくその言い方がすごいんです。

言い方がすごいからといって、私たちは「Ｒくん、きょうはそこで食べたいの？　じゃいいよ、水道に向き合って食べて」とはいわずに、「Ｒくんもいっしょに食べようよ、たんぽぽさんの仲間も待ってるし……」とつねに声をかけていました。

みんなはもう座っているので、なかなか「うん、いいよ」と中に入っていって食べられません。それで、Rくんもいろいろ考えて、配膳台（テーブル）でなら食べるというわけです。で、まあ部屋の中だからとりあえず一歩前進かなと、「わかった」とこたえる。それでRくんは配膳台で一人ですわって食べてきたのです。でも、一人で食べていても楽しくないから、そのうち「先生もいっしょに食べよ」と小声で言い寄ってきます。それで私もいっしょに食べたりしていました。

そんな日が数ヵ月続いたのですが、やっぱり配膳台で食べるのは不自然だから、「Rくん、そろそろみんなの中でいっしょに食べたほうがいいよね。ここはおかわりしたり、食器を片付けるところだからさー」と言うと、小さい声で「M子ちゃん」と好きな子の名をだしたりするのです。「M子ちゃんに頼んできて」と。

「じゃ、いっしょに頼みにいこう」と誘って、M子ちゃんのところに行って、「Rくんがとなりでいっしょに食べたいって言っているんだけどいいかな?」と聞いたら、そのM子ちゃんという子はすごくたくましい子で、「Rくん、ちゃんとお当番やる?」と言われてしまいました。しかたなくRくんは「うん、やる」。「そう、じゃいいよ」と言ってもらい、みんなの中に入って食べることになりました。

つぎの日。約束したわけだから、もしかしたら当番するのかなと思っていましたが、やはり自分からは来ません。それで私が「Rくん、きのう約束したじゃない」と言うと、「わかってるよ。やりゃいいんだろう—」と、エプロンをつけてしぶしぶ来ました。でも積極的にはやりたくないので、自分の分だけ配膳したらエプロンをとってさっさとすわり、食事を待っているようなあり様なのです。

まわりのぞうさんたちはそれでも何にも言わないで、ああRくんがやっているなという感じで見ているんです。そしてRくんは私を呼んで、「いん（私のこと、今成のい）ちゃん、きょうはオヤツ（の当番）は休むから」と、ずっこけるようなことをないしょ話で言うのです。

「でもさー、やっぱりおやつのときもお当番やらなくちゃだめなんじゃない。それに、（そういうことは）先生に言うんじゃなくて、ぞうさんのみんなにいってくれない」と言うと、また「わかってるよ！」といいます。

それで、みんなのところへ行って「おれ休むから」と言うと、そういうときのぞうさんたちはとてもやさしく、「いいよ」といってくれて、Rくんは正々堂々休んだり……と、そんな感じのくりかえしでした。

だいたいは私たちにいわれてやるわけですが、たまに自分からエプロンをつけてやるときもあります。そんなときは本人も気持ちがいいから、ゆうゆうと来て、「いんちゃん、やってるよ、やってる。用意できたよ」といって自慢します。そういう日もあるけれど、後退もするわけで、いったり来たりをくりかえしていました。

ある日、全員でやれた日がありました。そういう日はどの子にとっても喜びになります。毎日毎日こつこつやっている子もいます。一方、Rくんだけでなく、「あしたはやるからね、あしたはやるからね」といいながら、ほとんどやらない子もいます。みんなでやれた日はそういう子も含めて「きょうははじめてみんなでやれたね、やってよかったね」と言い合ってすごく喜べるわけです。

Rくんもそういうときはうれしいのです。だからいい顔してやるのですが、ずっと続くわけではありません。

（『現代と保育』五一号、『仲間のなかで葛藤しながら育つこと』より）

この例がはっきり示していますが、保育者による「受容」というのは、私たちが動かないでいて子どもの状態を受け入れることではないのです。こんなふうにしてみたらどうか、こんな言葉をかけてみたらどうか、こんな教材でいっしょにやってみたらどうかと工夫しながら働きかけをしたり、場合によっては働きかけのまずさを反省しながら、変化していく子ども、あるいは変化しないで止まってしまう子ども、逆に後ずさりしてしまう子どもの状態を、そうせざるをえない必然性のあるものとして受け入れること。それこそが大事だと考えます。一言でいえば、保育実践の問題としてとらえるということです。ただ解釈するのではなく、子どもを変えながら解釈するといいますか、その努力が求められているのではないでしょうか。

第二節　保育者としての指導的な視点をもつ

●1　そこに自然がある……だけでは教材にならない

私は、前の保育所保育指針、幼稚園教育要領（一九九〇年）が出たとき、即座にこれは正しくないと思った一人です。保育の専門家ではありませんから理解が不十分かもしれませんが、改訂された保育指針や教育要領を読んだ限り、子どもや集団に対していろいろ教えたり、指導するということが非常に消極的に位置づけられているという印象をもちました。環境を整えることによって子どもが自発的に、自主的に活動することに期待するという考え方に基づき、保育者、教師の役割はそうした子どもたちを側面から支えるという構造で書かれているというふうに思いました。ですからこれは指導の軽視のしすぎであり、子どもの自発性とは何であるか、能動性とは何であるかについて、じつに理解が行き届いていないのではないかと思ったわけです（二〇〇〇年の新しい保育所保育指針、幼稚園教育要領では、九〇年のものについての若干の反省が込められていますが、大きな転換をとげたとは言えません)。

もともと子どもは大人によって受け入れられ、大人から愛される存在です。逆に子どもの側から言うと、大人に依存し、大人がいてくれるとほっとするという関係が大事です。つまり人間関係こそが非常に大事なことだと思ってきました。深い信頼関係、子どもが安心して身を任せられるような関係があれば、かえって子どもは大人から飛び立って外に向かっていく、自然や文化に立ち向かっていくことができるのです。

また一方で、人間関係、信頼関係は非常に大事だと思いますが、私は子どもはそれだけでは発達しないということも強調してきました。人間関係を深め、自然や文化の環境が整えば子どもは活動するか、というとそうではないのです。そこのところでかつての保育所保育指針等に疑問をもったのです。やはり人間関係を基礎にしながら自然に目を向けさせる指導というものが必要です。そこに自然がある……だけでは教材にはならないということです。

自然破壊がはげしいと言われている昨今ですが、山間部に住んでいる子どもは都会の子どもに比べて豊かな自然のなかで毎日生活しています。文化という面でみれば、保育園には絵本なども置いてあります。だから山間部の子どもは手の届くところにある恵まれた自然や文化に自主的に取り組んでいるかというと、そう単純ではありません。ただあるというだけではそのすばらしさに気がつかないままに日々が過ぎていく、ということになってしまうのではないかと思います。

園で散歩にいくというときは、同じ散歩でも遠くまでいくことによって体を鍛える、友だちと手をつないで歩くことに注意して力をつけるなど、それぞれ目的は違います。もちろん一つだけの目的で散歩をするわけではなく、いくつかの目的が合わさっているのかもしれませんが、とにかく今日は「道端にある自然にふれさせる」を目的の一つに散歩をするとして、そこに自然があるからといって保育者が何の働きかけもしなかったら、子どもは自主的に自然のなかのいろいろなすばらしいものに気がつくでしょうか。

環境が整えば子どもは自主的、能動的に自然に働きかけるか、というとそうではありません。そこでの指導者（保育者）の働きかけが決定的に大事になるのです。この例に即して具体的に言えば、道端の花や虫などの自然に気づかせる保育者の言葉かけが非常に重要になってきます。保育者自身が感動する心や自然のなかの小さなものを発見する感性、子どものために勉強するという姿勢がないと、言葉をかけることにはつながっていきません。そして危険がないように、早く目的地に到着することだけを考えるようになってしまうのです。もちろん子どもを危険にさらすことなく安全に注意しなければいけないのは間違いありませんが、もし「自然にふれる」ということを保育の目的の一つに加えているのであれば、保育者はやはり自然についてあらかじめ調べることくらいはしておかなければいけません。

花を見れば「はな」としか言わない保育者や、花を見ればなんでも「かわいいね」という形容詞しか出てこない保育者がいないでもありません。しかし花には名前があります。花をたんぽぽとかチューリップなどの個別の名詞で呼び、「いまは花が咲いていないけどつぼみがあるでしょ。花が咲くと○色になるよ。またきてみようね」「この花は咲くといい香りがするんだよ。だからまたきてみよう」などの働きかけは、知っていないとできません。たいへんに詳しい方もいらっしゃいますが知らない人は本当に知りません。この格差は本当に大きいのです。だから研究が必要なのです。

●●2 指導のための教材研究

私はチューリップくらいはわかりますが道端に咲いている花はさっぱりわからないので、あまり大きなことはいえません。でも保育者として保育をするからには、最低限、保育に必要な知識がないといけないのではないかと思います。保育者の働きかけによって子どもは花に目を向けるわけです。そして保育者の一言によって、昨日教わったのとは違う花に目を向けるかもしれません。そのときはじめて自然は教材になるのです。あるいは子ども自身が取り組む対象になっていくのです。子どもたちの目を何に向けさせるのか、どのような言葉で引きつけていくのか、何を考えさせるのかという指導的な立場での研究や検討があってはじめて深まっていく取り組みです。

一つ間違えると、自然のなかを歩いているだけで自然に親しむようになると思われがちですが、そんなことではないと思います。子どもが安心でき、心の深いところでつながっていると感じているその先生が、まさに自然について「ほら、こういうのがあるよ」と言ってくれることで子どもの気持ちや目がそちらに向き、さらには自発的に発見していく感性を育てる、という展開につながっていくのです。

しかし忙しいと思いどおりにはいきません。もちろん得意不得意もあります。全員が均等にすべての面にわたって子どもの発達にかかわっていくなどということは現実的ではありません。保育者一人ひとりの得意なところを互いに生かしてみんなで勉強し、最低限教材として使える部分、使うべき部分を身につけながら子どもに接していくことがたいせつなのです。

文化財にふれさせるという点でも同じだと思います。園にいろいろな教材があれば子どもが自発的に絵本を手にとって読むかというと、必ずしもそうではありません。そこには個人差がでてくるでしょう。すごく好きな子は放っておいても取り出してきて、開いて読んでみたり、「よんで」ともってきたりすると思います。でも私たちはどの子にも優れた文化にふれさせたいわけです。もうちょっと申しますと、卒園までにどんな力を育てたいか、どんな人間に育ってほしいかという保育目標との関係で教材を用意しているわけですから、好きな子だけがそれをとって読めばいいというのではなく、できればすべての子どもに文学なら文学の世界に浸らせたい、それを体験させたいわりです。そうでなければ保育とはいえないでしょうし、子どもの相手をするのはなにも保育者でなくてもいいということになってしまいます。

つまり教材をそろえておいて、安全を見守るだけの大人がいれば、あとは子どもの自発性に依拠してやればいいということになると、保育者でなくてもできます。本当の保育をしようと思ったら、どんな子どもを育てるか、自然にはどういうふうにふれさせてどんな体験をさせたいか、文化的なものとしてはどういう教材を選んできて、どういうふうに身につけさせて体験させるか、ということが非常に大事なのです。そう考えると当然教材選択が重要になってきますし、ただ置いておけばいいというものでなくなり、保育者としての指導的な視点が必要になってくるのです。

ちょっと逆説的な言い方になりますが、私は子どもの力をあまり信頼しすぎてはいけないと思っています。大人がこれをぜひとも与えよう、どうやって与えようかと考えてはじめて子どもはその楽しさがわかっていくことが多いのです。ですから園にこういうのがあったからそれを使うというのではなく、教材研究をしなければなりません。こういう本が出ているから買ってほしい、この本を読んで聞かせたい、子どもたちにこれを伝えたい、という保育者の姿勢があってはじめて文化にふれさせていくということになるのです。

子どもたちはいま、あまり優れているとはいえない文化のなかに埋没しています。ですからそこで研修時間を確保していくことも含めて保育者が相当がんばらないと、本当に私たち大人から子どもへと伝え、そして次の世代に伝え残したい文化が、子どもに身についていかないのではないでしょうか。

第三節　受容・共感と指導を実践的に統一する

私は、共感・受容による信頼関係の成立と環境の整備とともに、指導というものがあってはじめて保育が構造的になりたっていくと考えますし、信頼関係ができていればいるほど私たちは思いきって子どもにいろいろな要求をしていくことができるのだと思います。さきほどは自然と文化ということで例をあげましたが、行動能力や判断力の面でもそうだろうと思います。

保育者と子ども、親と子どもの人間関係が根本のところでしっかり成立していないと、これ以上言ったらだめかなと、大人のほうが身を引いてしまうという関係ができてしまいます。こんなことを言ったら子どもがスルッと逃げてしまうかもしれない、私を嫌いになってしまったらどうしよう、という私たちの側の自信のなさみたいなものが指導を成立させない関係になってきます。だから私は、受容・共感的理解と指導は両立するというのは弱い言い方で、積極的に言うと統一してはじめて保育が実現するという関係にあるのだと思います。

別な言い方をすれば、受容と共感的理解が本格的に成立していくにしたがって強烈な指導ができるのです。断固として「ここではこんなことをしてはいけない」と言えるし、「ここはあなたががんばらないと伸びないよ」ということを、そのまま言うかどうかは別にしても、気持ちとしては積極的に働きかけていくことができるのです。裏を返せば、子どもとの信頼関係をつくることと強烈な指導を行なうことということの二つを、統一的に進めることができないということは、指導を放棄するということにつながりかねないとも言えると思います。何かしら問題を感じながらも指導をしないことになるのではないでしょうか。非常に厳しい言い方になりましたが、私はそのように感じています。

指導というと型にはめていくように感じられますが、そうではなく、能力と人格の形成に向けて必要なことは必要なこととして、しっかり指導的にかかわっていくことこそが必要であって、ただ枠にはめることではありません。子どもの伸びる力を本当に信頼してそこに働きかけていく、必要な教材を用意する、あるいは必要なものを教材化する取り組みこそがたいせつなのです。

このことは大人同士の関係でも同じだと思います。信頼関係が深まるにしたがって「あんなことをしていたらだめになっちゃう。友だちとして黙っていられない」と話すことができる。でも、本当に信頼関係ができていないうちは心配はするけれども口に出して言うということはできません。

おそらくこの点については、ベテランの保育者の方々がときどき若い保育者に「もっとこうしてほしい」などと感じながらも、「いまどきの若い人にそう言うと反発しちゃうのよね」と思って強く言えないということがあるのではないでしょうか。一方、若い保育者も言われたら機械的に反発したり、逆にクシュンとなってしまうのではなく、ときには先輩に反論もしながら、保育者同士いろいろと討論ができたらいいと思います。もしかすると受容・共感と指導の問題は、子どもと保育者の関係だけでなく、保育者同士の関係においても大事な課題なのかもしれません。

第四章 保護者と手をつなぐ

最後に、保護者との信頼関係・共同関係をどのように築いていくかということについて述べたいと思います。いま保育を商品化する動きが非常に顕著に出てきているなかで、このことはこれまでにも増してたいせつになってきています。保育の中身を問わずに、子どもが安全に過ごせればいいといったような託児的なものが広がってきており、このままでは保育園は保育ができなくなる恐れがあります。だからこそ、子どもを真ん中において、いっしょに子どもを育てていくというのはどういうことかと、保育者と保護者が話し合いを深め、実際に共同関係をつくり上げていくことが大事なのです。そしてそのことが本当の意味での保育を守り、発展させることにつながるのだと思います。このことに関連して私が強調したい点を三つばかり述べておきます。

●1 悩みや悲しみ、よろこびに重い軽いはない

まず、人間のよろこびや悲しみ、悩みには相対評価はありえないということが一つです。日々保育をしていて、ものすごく大変だなあと思われる家庭があると思います。また、とくに困難はないと言っていい状態だという家庭もあるでしょう。客観的な尺

度で測ってみるとそういうことがあるかもしれません。私がかかわりのある障害児のことで言いますと、障害がたいへん重い子どもの場合は親の負担はたしかにたいへんです。そして障害の軽い子どもは、重い子と比較すれば少し楽かもしれません。具体的に言えば、すべてにわたって介助しなければならない障害をもつ子どもの親は、そうではない子どもの親に比べればたいへんだろうと思います。しかしどの人がどういう悩みを抱えようと、悩みはその人にとっては重いのです。他人と比べてどうかではなく、その人にとってはたいへんな悩みであり、たいへんな不安であり、たいへんな苦しみなのです。そこのところをよく理解しておくことが必要だと思います。

『子どもをわかるということ』(ひとなる書房)に、作家の大江健三郎さんの話をちょっと引用して書いたことがあります。彼のお子さん(光さん)はもう大人ですが障害がありますｓ。作曲もしているのでたいへん有名になりました。大江さんと上田敏さんというリハビリテーション医学の専門の方との対話が収録された『自立と共生を語る』(三輪書店)という本のなかで、大江さんが次のように語っているところがあります。

あるとき僕と同じ年齢の方で、医学部の先生をしておられる方と酒を飲む機会がありました。その方が連れてこられた、医局で働いている感じの二七、八の若い医者の方が、初めから僕に反発していられたということがあるんです。（略）その方がこういわれた。『あなたのお子さんは、障害をもった子どもだけれども、生き延びて、わずかながらでも仕事をしたりするということが希望だとあなたが書いていることは非常に甘いと思う。自分の病棟にくれば、どうにもならない子どもがごろごろいるんだ。それをどう思うか』といわれたのでした。

大江さんは続けます。

僕は何も答えることができませんでした。ただ非常に傷つきました。それは僕が大人になってから、いちばん傷ついたことのようにさえ思います。たしかにそのとおりです。そして僕はいくらか症状の軽い子どもをもっていて、その症状の軽い子どもを軸にして、たとえばリハビリテーションの問題とか、障害児の福祉の問題などをしゃべっているわけです。暗い淵が開いているところにいながら、暗いほうは見ないで、少しでも明るいほうを見ているという感じが僕の言論にはあると思い、そのことはいまも心に残っています。

私はそれを読んで大江さんのショックは当然であるし、若い医者は何もわかっていないと思いました。大江さんのお子さんは必ずしも障害が軽いわけではありません。知的障害とともにてんかんがあり、その発作がでたときのようすはテレビで放映されたこともありましたからご覧になった方もおられるでしょう。ある演奏会で、ちょうど彼の作品が演奏されているときに椅子に座っていて発作がおき、お母さんが支え、介護していました。しかし全介助が必要な寝たきりの重症の子と比べればたしかに軽い。軽いけれども大江さんは自らの人生で光さんを引き受けて、ともに生きるという道を歩んできたのです。そしてそのことをたいへん深いところで考察しながら小説を書いたり、評論を書いたりしています。彼の書いたものの多くは、モチーフには息子さんのことがあると思うのです。人生の最大の関心事であるけれどもその世界に埋没することなく、そういう部分から人間と世界を読み解いていく。そのことが人間や世界について考える窓口になっている。あるいは必ず帰ってくる基地のようなものだと いう意味で、大江さんにとっては人生で最も中心的な問題の一つなのだと思っていましたので、「大江さん、あなたは甘い」と言う医者は、まったくわかっていないと思いました。

同時に「うちの病棟にきてみれば、どうにもならない子どもがごろごろいるんだ」という表現についても、重症の子どもの親が子どもと相対しながら、ちょっと表情が変わったといって涙を流してよろこび、ちょっと顔をしかめたといって急に不安になるという親の子どもにかける思いを、まったくわかっていないとも思いました。

障害のたいへん重い子どもの親は、それはそれでいろいろ悩みがあるでしょう。軽い子の親もそれはそれで悩みがあると思います。それぞれにとってそれぞれの悩みは重いのだと私は考えます。障害児のことで言いましたが、保育園、幼稚園、学校に通っている障害のない子どもの親の方々も、「なんでそんなつまらないことで悩んでいるの、お母さん」と言いたくなるようなことで悩んでいたりします。でも、よろこびとか悲しみには五段階評価があるわけではありません。相対評価はありえないものとして理解する必要があります。ですから保育者は、まずもってそれはその人にとっていま最大の関心事であり、不安の種として悩んでいることとして、真正面から受け止めて聞いていかなければいけないのではないか思います。

これまでいろいろな角度から子どもと保育者の関係ということについて考えてきましたが、まずは親の悩みや悲しみ、不安、よろこびをあるがままに受け止めることも同時にたいせつなことです。そして内面ではいろいろ葛藤しているのだろうと思ったら、その葛藤の状態もできるだけわかろうと努力してみることは、親と保育者の間での共感的な理解、受け入れの問題でもあるのです。〝いろいろ言っているけれどあの先生、わかってくれない〟〝なんかわかっていそうな感じでハイハイと言うけれど、ぜんぜん聞いてくれていない〟と親に思われないようにしていくには、一人ひとりにはその人なりのよろこび、悲しみがあって、それには軽重はつけられないと考えなくてはいけないのだと思います。

保育者として、もう少し深いところで親を理解するという基本的な態度ができていると、いろいろな親としっかりつながっていけると思います。困難を抱えている人に「お母さん、あなたなんていいほうよ。○○ちゃんのお母さんを見てごらんなさい」といっても慰めにはなりません。それで安心するわけではありません。親にとっては聞いてもらえるかどうかが大事なのです。そういう意味では保育者はたいへんです。「私だって聞いてもらいたいのに！」と思っている保育者は多いのではないでしょうか。

もちろん私たちも聖人君子ではないので「なんでそんなことで悩んでるの」と言い

たくなることもあります。が、根本のところではそういう態度で接していく必要があるのではないでしょうか。でも絶対に言ってはいけないということではありません。信頼関係ができた段階で「お母さん、なんでそんなことで悩んでるのよ」と言うのはいいと思います。信頼している人から「お母さん、そんなことで悩む必要はぜんぜんないじゃない」と言ってもらって、スーッとすることはおおいにありうることです。私が言いたいのは、基本的な感じ方、考え方、人間関係の取り結び方の問題として理解していただきたいということです。

2 背景を知ってはじめて見えてくること

二番目は、社会科学的な認識をもって、勤労者とその家族の生活とを意識的に考えるということがたいせつです。目の前のお父さんお母さんを個別的に見ているだけでは、その人についての理解は深まりません。それだけだとついつい「なんでちゃんとやるべきことをやってくれないの」とか、「自分はやらないのに保育者には言ってくる」「あのお父さんやお母さんは返事はいいのだけれどぜんぜんやらない」などと言

いたくなってしまいます。

保育者自身の仕事の社会的背景や親たちの生活と労働などについて、個々の状況をとおして学ぶだけでは本格的に理解を深めていくことはできません。社会科学的な認識をもつためには、いまの日本の労働者、勤労者がどんな実態におかれているかを知ることが必要です。私も専門ではないのでそんなに詳しく展開することはできませんが、やっぱり勉強することだと思います。労働時間はどうか、心身の疲労状態はどうか、職業病の多発状態はどうなっているか、職場におけるいじめの実態はどうかなど、いろいろあります。また、健康保険や年金の制度改悪、増税などが重くのしかかり、現在の生活ばかりか将来の生活もたいへん不安で、「働けど働けど……」という気持ちになり、ひいては働く意欲も失いかねない状況です。そのようなことを整理し解明した本もあります。また専門の方もおられますから呼んで話を聞いたりすると、活字を読むのはたいへんという場合でも、いろいろなことが理解できます。背景がみえてはじめて目の前の一人ひとりの親がわかってくるのです。こうした大きな背景を知る学習を抜きにすると、日常のだらしなさや口ばかりなどということが目立ち、そうならざるをえないお父さんお母さんという理解ができなくなってしまいます。

そして、親が悪いから子どもがこうなのだという見方になり、子どもの敵が親に見えてきたりして、子どもの本当の敵がどこにいるのかが見えなくなってしまいます。だからこそ、親が安心して育児ができないようにしているのはいったい誰なのかということを、しっかり把握しながら目の前のだらしなさを見なければいけないのです。親を責めるだけでは解決にはなりません。親と連帯しなければならないのです。そのへんを取り違えないためにも勉強が必要だと、私自身思っています。

3　子どもを真ん中にすえて共同する

三番目に申し上げたい点は、子どもの権利を守るために小異を捨てて大同につくということです。古い言葉をつかいましたが、小さい違いであれやこれやといざこざを起こして仲間を傷つけたり、逆に傷つけられたといって沈んでみたりするということではなく、もうちょっと大局に立って、職場の仲間とどう手をつなぎ、保護者とどう手をつなぎ、もう少し広くは一般市民とどのように手をつないでいくかを考えなければいけない時代になってきていると思います。

現実には、私たちは生身の人間の集団ですからいろいろ矛盾はあるかと思います。たいへんなだけに敵を身近なところに見つけがちでもあります。人事・労務管理の政策で、職場の一人ひとりをバラバラにしていく動きもみられます。あの人がいけないから……という雰囲気はないでしょうか。

保育を商品化する動きが顕著になってきています。保育の商品化は保育園の間に、そしていわゆる託児室的なものも巻き込んで、競争をあおりたてます。この競争はまた各職場に反映し、保育者同士も競争のなかに投げ入れられます。保護者の目、市民の目を口実に、あの人の保育はいいけれど、あなたの保育はダメ、といった干渉も強まる危険性があります。自覚していないと保育者同士で互いのアラ探しを始めてしまいかねません。たしかに誰にも弱点はあります。弱点がたいへん目立つ保育者もいないわけではないでしょう。しかし、だからこそそういう弱点をも抱え込みながらみんなで共同して子どもを守ることが求められているのです。子どもの権利条約を読んでいくと、どこでどう手をつなぐべきかがわかってきます。子どもを十分な保護のもとで、限りなく豊かに発達する権利をもつ主体ととらえなければなりません。子どもを真ん中において、ちょっとしたことではあまりケンカしたりせずに、団結するべきところはどこか、どこに向かって私たちは進むべきかをしっかり見抜いていく必要があるのではないでしょうか。

あとがき

この本は、乳幼児の保育・教育にかかわって、取り上げられるべき多くの問題のなかで、とくに子どもの内面の理解、その受容・共感的理解と保育指導、教育指導の関係という側面に焦点を当てて、私の考えを述べたものです。

私は研究者として歩みだしてから今日まで、障害のある子ども・青年・大人をめぐるさまざまな問題について発言してきました。また健常児の保育や教育について書いたものも少なくありません。それらは各方面からの求めに応じて行なったものがほとんどなので、主題も多岐にわたります。そのためもあり、それらはバラバラのように見え、実際にそのように言ってもいい面がないわけでもありません。しかし、それらの発言の根底にあったのは、子どもたちの発達と保育・教育の相互関係のあり方に対する問題関心であったと私自身は考えています。

この相互関係をめぐって私が強調してきたことのひとつは、発達の見方を狭いものにしてはならないのではないかということです。

発達の見方も広狭あります。狭くとらえると、○○ができるようになったというところにだけ着目した「発達論」が生まれます。それは種々の行動や能力や人格の発達のなかで、表面にでていて目で確かめられる、行動や能力に関する事実に主に注目するものです。その場合、前よりも発達したその状態に対応するための、保育や教育の内容や方法はどうあるべきかといった発想で保育を考える枠組みを作ろうとすることが多くなります。これは能力や行動が十分ではない、いやむしろさまざまな問題を抱えている、これらの状態に直接的にどう対応すべきかと問題を立てる保育の考え方・実践にもつながっています。もちろん、こうした発達論と保育論は完全に誤っているとは言えないでしょう。

しかし、子どもの発達は外から観察できる行動や能力だけで把握できるわけではありません。子どもがある行動をするときには、それを積極的に行なおうとする動機、うまくやりとげられないことへの苛立ち、達成できたことへのよろこびと誇り、それら内面の心理活動も活発に動いています。そしてそれは行動や能力の発揮、形成に影響します。また逆に行動の「荒れ」をもたらすこともあります。年齢と経験を重ねるにしたがって、動機その他も複雑で高度なものになっていきますが、それを自分でコントロールする力も発達していきます。それらは個々の子どもの個性の形成に影響を与えます。ですから子どもの発達は、この側面もとらえ、思考や行動面の発達との結合関係も考えながら深めていくと、より現実にあった、しかも広い視野に立った理解ができるのではないかと思います。

子どもの発達に効果的に働きかける保育・教育は、発達についてのこのような考え方に立つときによりよいものになると思います。一口で言えば、子どもの内面の深い理解と結合した子ども理解があってこそ、働きかけは子どもと息が合い、子どもの活動を活性化させ、結果として能力や人格の発達を保障できるものとなるのではないでしょうか。

子どもの内面に注意を向けるべきだという論調は、以前に比べると目立ってきました。これはよいことだと思います。ところが、内面をあるがままに理解し受容するということを一面的に強調し、行動や能力の形成、さらには人格形成をめざす取り組み、すなわち保育指導を軽視する保育論が、ある時期から目立つようになりました。ある考えが表明されるとき、そこに真実が含まれている場合でも、そればかりを一面的に強調すると思わぬ失敗をします。

本書で私はこのことに問題意識を集中し、「受容」（これも必ずしも『あるがまま』を受け入れることではありません）と保育・教育の指導は両立し、統一できるのだということを、できるだけわかりやすく示したいと思いました。ねらいがどこまで成功したか、その判断は読者のみなさんにうかがわなければなりません。忌憚のないご批判、ご助言を期待しています。

本書をつくることを提案してくださったのは、ひとなる書房社長の名古屋研一さんです。名古屋さんには、私の最初の単著『障害児保育論』（ささら書房）の編集をしていただきました。彼が、ひとなる書房を出発させてからも雑誌『現代と保育』などを通じてお世話になってきました。最初の出会いからほぼ三十年、今、ふたたびこのような本を出していただけることはおおきな喜びであり、感無量です。

実際の編集にあたっては、栃倉朱実さんが、私の講演のテープ起こし、既存の原稿からの抜粋、表現をわかりやすくするための的確なコメントの提示等々、たいへんな努力をしてくださいました。
こうしたことがなければ、本書は生まれることはありませんでした。この場を借りて深くお礼申し上げます。

＊

本書の元になった講演や原稿の主なものを次に掲げます。骨格になっているのは全国保育団体連絡会の「第八一回保育大学」（二〇〇一年二月、東京・九段会館）での講演です。それぞれ長く引用させていただいた実践記録の出所は、文中に示しました。そのことを感謝しながら記しておきます。

二〇〇三年四月

茂木俊彦

引用文献等

・『自立と共生を語る』三輪書店　一九九〇年
・『子どもをわかるということ』ひとなる書房　一九九八年
・『季刊　エデュカス』大月書店　二〇〇〇年十月号
・『第三六回全国学童保育研究集会・記念講演』二〇〇一年十一月
・『障害児と学童保育』大月書店　二〇〇二年

茂木　俊彦
（もぎ　としひこ）

1942年群馬県生まれ。東京大学教育学部教育心理学科・同大学院で学ぶ。桜美林大学教授。元東京都立大学総長。専門は教育心理学・障害児教育学

著書
『障害児と教育』（岩波新書）
『改訂版テキスト障害児保育』（共編、全障研出版部）
『子どもをわかるということ』（共著、ひとなる書房）
『統合保育で障害児は育つか』（大月書店）
『子どものためのバリアフリーブック・障害を知る本』
（監修・編、全11巻、大月書店）
『難病の子どもを知る本』（監修、全８巻、大月書店）
『親と先生の共同ですすめる障害児の子育て』（全障研出版部）
『入門ガイド・障害児と学童保育』（共編著、大月書店）

保育の教室①
受容と指導の保育論

2003年５月30日　初版発行
2008年８月31日　五刷発行

著者　茂木俊彦
発行者　名古屋研一

発行所　㈱ひとなる書房
東京都文京区本郷２－17－13
広和レジデンス101
TEL 03（3811）1372
FAX 03（3811）1383
Email:hitonaru@alles.or.jp

印刷／モリモト印刷株式会社

◎ 保育実践記録

子どもと過ごす極上の時間 **シナリオのない保育** 岩附啓子著	子どもの心の動きに合わせて展開する自由自在な保育。臨場感あふれる文章ににひきこまれながら、保育にとって何が大事なのか考えさせられます。 4-89464-074-0 四六判・本体1800円
子どもが子どもを出しきるために 栗原志津恵＋生品保育園著	子ども時代に必要な当たり前の生活が失われつつある中で、五感を精一杯働かせて遊び学ぶ生活の保障に愚直にこだわった保育園の記録。 4-89464-081-3 A5判・本体1800円
つながりあそび・うた実践ノート **「気持ちいい」保育、見~つけた！** 頭金多絵・著／二本松はじめ・あそびうた	子どもも保護者も保育士も、“いい気持ち”で暮らしあえる関係にこだわった保育実践が一冊に。つながりあそびうたの楽譜・あそびかた指導も収録。 4-89464-059-7 B5判・本体1239円
アトム共保は人生学校 **大人が育つ保育園** アトム共同保育所編	子どもの育つ力を信じて、のびのびとした保育を展開。大人も子どもも地域も、ともに育つ保育園をめざす。ＮＨＫで取り上げられ話題に。 4-89464-010-4 A5判・本体1200円
人がすき 村がすき 保育がすき 近藤幹生著	高原野菜で知られる山村の保育園。親の実状と保育は切り離せない。日々の暮らしぶりをありありと映す子どものつぶやきの丹念な記録は圧巻。 4-89464-038-4 四六判・本体1700円
ガリバーと２１人の子どもたち **みんな大人にだまされた！** 吉田直美著	保育者たちはひらめいた！ 子どもたちの心に残るわくわく楽しい体験を！ あの「ガリバー旅行記」を素材に展開された愉快な保育実践。 4-89464-008-2 四六判・本体1500円
３歳は人生のはじまり 天野優子著	３歳児の四季を綴る笑いと涙と感動の実践記録。子どもたちのありのままの姿が親子・保育者たちを元気づける。汐見稔幸氏も絶賛の本！ 4-938536-88-9 四六判・本体1650円

◎ 保育ライブシリーズ　いま輝きを増す日本の保育運動のあゆみと実践の魅力

① **夢の砦** 落合 操・新田保育園著	別子銅山の労働者社宅から生まれた保育園での障害児保育14年の記録。育ちゆく子どもたちの純粋な友情が大人たちの保育観と地域を変えてゆく。 4-938536-21-8 四六判・本体1500円
② **エルマーになった子どもたち** 岩附啓子・河崎道夫著	「ほんとうのこと」を求めて探険と探求を繰り広げる子どもたち。とほうもなく楽しい探険をと願う保育者たちが生み出したドラマチックな実践記録。 4-938536-22-6 四六判・本体1500円
③ **街のみんなの保育園** 編集委員会・垣内国光著	親と保育者が共同して保育にあたり、地域全体の子どもの成長を願う。「あたりまえこと」をやり続けたとき、すてきな子育ての花が咲き始めた。 4-938536-23-4 四六判・本体1500円
④ **私の街の子ども生きいき** 大阪衛都連保育評議会・一氏昭吉著	地域に開かれた新しい保育所像をめざした大阪の保育者たち。街中の子どもたちの幸せを願い、粘り強く積み上げられた運動の記録。 4-938536-30-7 四六判・本体1500円
⑤ **子どもたちの四季** 宍戸洋子・勅使千鶴著	３～５歳の三年間、個性豊かに育ちあう姿と、子どもの育ちを見通した適切な指導のあり方を見事に表現する。保育士養成のテキストとしても好評。 4-938536-45-5 四六判・本体1500円
⑥ **ゆらぎつつ子育て** 編集委員会・玉井邦夫著	揺れながらも、いつでもなんでも親・子どもたちと話し合うことで自分たちの保育論を作り上げていく保育者たち。障害児保育実践記録の好評書。 4-938536-51-X 四六判・本体1650円
⑦ **ボクらはへなそうる探険隊** 斎藤桂子・河崎道夫著	豊かな北上の自然を舞台に、幼年童話に出てくる架空の動物に出会うため子どもたちは森へ探険に。地域の人をも巻き込んだ実践記録。 4-938536-53-6 四六判・本体1650円
⑧ **ありがとう保育園** いけうち・かわらまち編集委員会・佐藤貴美子著	産休明け保育、障害児保育、夜間保育。「そこに保育を求める親子がいるから」と困難な状況にあえて挑み続けた親と保育者たちの30年のあゆみ。 4-938536-73-0 四六判・本体1650円

◎あそび・絵本

光る泥だんご
鏡のように光る玉の作り方
ビデオ泥だんご〈初中級編〉
加用文男著

泥だんごといえば今も昔も泥あそびの定番。庭の泥と水を使って、鏡のように輝く泥だんごを作る方法をわかりやすく解説。特別な材料は必要なし。保育園児から小学生まで一大ブームに！
単行本　4-89464-049-X　A5判・本体1000円
ビデオ　4-89464-042-2　カラー34分・本体3500円

親子で楽しむ手づくり絵本、おもちゃのすすめ
遊ばせ上手は子育て上手
木村研著

モットーは「5分で簡単に作れるもの」。子育てが楽しくなる手づくり絵本、おもちゃの極意をやさしく解説。早速切り取って遊べる付録つき。　4-89464-070-8　A5判・本体1000円

子育てをたのしむ手づくり絵本
木村研著

包装紙・新聞紙・カタログなど材料は何でもＯＫです。気軽に始められるかんたん絵本から、ちょっと本格的な創作絵本まで、つくり方と実例が満載！　4-938536-62-5　B5判・本体1553円

いっしょに読むからおもしろい
こどもの本の使いかた
吹田恭子著

子どもにとっての絵本の意味とは？　「子どもの目線」にこだわり続ける児童書専門店から発信するユニークな絵本ガイド。登場する本は220冊。　4-89464-050-3　四六判・本体1600円

子育てに夢と希望を
絵本からのおくりもの
宍戸洋子著

絵本は子どものいろいろな面を教えてくれ、親をさりげなく励ましてくれる大人への応援歌。50冊の絵本とつむいだ子どもたちとの珠玉の物語。　4-89464-060-0　A5判・本体1300円

不思議の国のＺＯＯ（動物園）
(財)千葉市動物公園協会著

動物の魅力と自然の不思議をもっと身近に感じるための動物園ガイド。見る・聞く・嗅ぐ・触る・描くのテーマで解説。幼児から学童の遠足に最適。　4-938536-80-3　A5判・本体1650円

◎子育て支援

いま話題の“NOBODY'S PERFECT”プログラムの２冊のテキスト！

カナダ生まれの子育てテキスト
完璧な親なんていない！
J・キャタノ著／幾島幸子訳

「親になる」ための教育を受けないまま一人で子育てと向き合っている親のためにつくられたカナダ生まれのプログラム。親自身の生活や判断を大事にすることを励まし、まわりの助けで少しずつ「親になっていこう」という姿勢が貫かれている今までにない育児書。イラスト多数。

4-89464-061-9　A4変形・本体1800円

ファシリテーターの仕事
親教育プログラムのすすめ方
J・キャタノ著／幾島幸子他訳

悩みをかかえる親たちが互いに安心して学び合える親教育プログラムを実際にすすめるファシリテーターのためのガイド。「共感し合える雰囲気づくり」など、保育者・子育て支援事業に携わる方々にも役立つ内容が盛りだくさん！

4-89464-062-7　A4変形・本体2800円

ふらっと子連れでDrop-in！
地域から生まれる支えあいの子育て
小出まみ著

子連れで立ち寄れる街角の“たまり場”をはじめ、親を主人公にと発想転換した新しい子育てのイメージがカナダの生きた事例からふくらむ。　4-89464-037-6　四六判・本体2000円

人権とボランティア先進国への旅
サラダボウルの国カナダ
小出まみ・伊志嶺美津子他著

女性・子ども・障害者・マイノリティ…それぞれが心豊かに支え合うカナダの人々の暮らしと環境、政策等を保育・福祉の専門家の視点から紹介。　4-938536-75-7　四六判・本体1650円

新版「家庭で子育て」から「地域・社会」での子育てへ
お母さんのカウンセリング・ルーム
三沢直子著

臨床心理カウンセラーによる子育てに必要な「バランス」感覚を身につけるヒントや、子育てネットワークづくり・公的支援システムの実践的提案。　4-89464-046-5　四六判・本体1600円

◎ロングセラー　保育現場で試され済みの好評書ラインアップ

新版　資料でわかる 乳児の保育新時代 乳児保育研究会編	教科書として定評のあるロングセラーを大幅リニューアル。最新データをもとに発達からカリキュラムまで乳児保育のすべてが一冊に。　4-89464-082-1　B5判・本体1800円
実践に学ぶ 保育計画のつくり方・いかし方 保育計画研究会編	本当に役立つ保育計画とは何か？　12の実践を素材に、年齢ごとの発達課題をふまえ、計画と実践の関連をいきいきと描いた画期的なテキスト。　4-89464-079-1　B5判・本体2400円
保育・子育てと発達研究をむすぶ 3歳から6歳 神田英雄著	現場の保育者の視線に寄り添って、豊富な実践記録に学んだ「生きて生活する子どもの心・姿」を通して幼児期の発達と保育の課題に迫る。　4-89464-078-3　A5判・本体1500円
子どもの発達とあそびの指導 勅使千鶴著	発達の基礎学習から保育現場での実践検討・カリキュラム作成にも活用できる定番テキスト。付録［あそびの種類とその発展過程］も好評。　4-89464-031-7　A5判・本体2000円
改訂版 保育に生かす記録の書き方 今井和子著	日誌、児童票、連絡ノート、クラス便り等の記録から子どもの様子・育ちを克明にとらえる。記録を書くことの意味とポイントをわかりやすく解説。　4-89464-030-9　A5判・本体1800円
3歳までのあそびと保育 自我の育ちと探索活動 今井和子著	「自分を探り、自ら遊びだす力の根を育てる」探索活動を通して育つ幼児の発達と感性、ことばの育ちを実践場面から解説。手づくり遊具も紹介。　4-938536-39-0　四六判・本体1500円
脳科学があかす育ちのしくみ 赤ちゃんパワー 小西行郎・吹田恭子共著	最新の脳科学の成果と乳幼児行動発達研究の知見を元に、情報に振り回されずに、赤ちゃん自身が持つ能力に着目し、育児を楽しむ秘訣を提言。　4-89464-068-6　四六判・本体1500円
心育てのわらべうた 佐藤志美子著	子ども心の豊かな広がりを育てるわらべうた85曲を収録。全曲楽譜、イラスト、指導の手引きで解説。乳児から小学生までの年齢別指導教材集。　4-938536-90-0　B5判・本体2136円

◎保育こんなときどうするシリーズ　（現代と保育編集部編）

① 異年齢保育　4-89464-026-0　A5判・本体1400円

② 親とつくるいい関係　4-89464-028-7　A5判・本体1400円

③ 人とのかかわりで「気になる」子　4-89464-029-5　A5判・本体1400円

◎この子にあった保育指導シリーズ　（現代と保育編集部編）

① 食事で気になる子の指導
4-938536-24-2　A5判・本体1300円

② 乳児の生活リズムと自立
4-938536-25-0　A5判・本体1300円

③ 幼児の生活づくりと自立
4-938536-29-3　A5判・本体1300円

④ 乳児のあそび指導
4-938536-32-3　A5判・本体1300円

⑤ 乳幼児の体育あそび
4-938536-84-6　A5判・本体1300円

⑥ 乳幼児の知的教育
4-938536-85-4　A5判・本体1300円

⑦ おにごっこ・ルールあそび
4-938536-91-9　A5判・本体1300円

◎新　刊　保育に真っ正面からとりくむ好評書ラインアップ

この子の今を大切に 徹底して子どもの側に立つ保育 清水玲子著・ひばりの実践を研究する会編	行きつ戻りつしながらも、懸命に生きる子どもたち一人ひとりの今を認め、徹底してその思いをかなえようとし続ける実践から見えてきたものとは。　4-89464-098-8　A5判・本体2000円
21世紀の保育観・保育条件・専門性 保育の質を高める 大宮勇雄著	経済効率優先の保育政策に対して、全ての子どもの「権利としての保育」実現のためにめざすべき保育観・条件・専門性とは何か明らかにする。　4-89464-097-X　A5判・本体1800円
LD、ADHD、アスペルガー、高機能自閉症児 「ちょっと気になる子ども」の理解、援助、保育 別府悦子著	子どもの「困った行動」は自分の力量不足が原因、と思っていませんか？「気になる子」の理解を深め、成長を支える実践的な手だてを探ります。　4-89464-095-3　A5判・本体1300円
保育の民営化問題ハンドブック 民営化で保育が良くなるの？ 垣内国光著	「保育市場化」のもと、急ピッチで進む公立保育園の民営化。全国から相談を受ける著者が、問題を徹底解明し実践的な解決の手順をわかりやすく提示。 4-89464-096-1　A5判・本体1200
毎年8月に新版発行 保育白書2006年版 保育研究所編・ちいさいなかま社発行	内容充実の大リニューアル版！最新資料とグラフ満載、保育をめぐる情勢を詳説。認定こども園・公立保育所の民営化などのトピックも緊急特集。　4-89464-093-7　B5判・本体2500円
「ポストの数ほど保育所を」の時代 戦後保育所づくり運動史 橋本宏子著	1960年代の保育所づくりの国民的大運動の渦中にあった著者が、当時の膨大な資料・証言をもとに、その全容を克明に描き出し、史的総括を試みる。　4-89464-092-9　A5判・本体3000円

◎保育の教室シリーズ　保育をめぐるホットな課題を平易に解説する新シリーズ

① 受容と指導の保育論 茂木俊彦著	受容・共感と指導を統一した保育を「実践的に子どもを理解する」視点を軸に明らかにする。園内研修・実践検討のテキストとして大好評。　4-89464-066-X　四六判・本体1500円
②日本社会と保育の未来 子どもへの責任 加藤繁美著	今ここにいる子、将来生まれてくる子どもたちのために、国・自治体、そして保育者と親の果たすべき「責任」のありようを心から問いかける。　4-89464-075-9　四六判・本体1600円

◎新保育論シリーズ　実践と理論をむすぶ新しい「保育論」構築のための理論書シリーズ

①保育実践の教育学 保育者と子どものいい関係 加藤繁美著	「自由」も「指導」も大切。でもどう実践すればいいのか。「共感」をベースに保育者と子ども、保育者同士のよりよい関係づくりを提起します。　4-938536-63-3　A5判・本体2136円
②続・保育実践の教育学 子どもの自分づくりと保育の構造 加藤繁美著	保育の目標と保育内容の構造を、0～6歳児の自我の育つみちすじにそくして提起します。大好評『保育者と子どものいい関係』の続編。　4-89464-004-X　A5判・本体2200円
③指導と理論の新展開 あそびのひみつ 河崎道夫著	「おもしろさ」をキーワードにあそびと指導の関係を問い直した斬新なあそび論。あそびのふくらませ方に悩んでいる人におすすめの一冊。　4-938536-74-9　A5判・本体2330円
④描画活動の指導と理論の新展開 描くあそびを楽しむ 田中義和著	「あそびとしての描画活動」の視点で、これまでのきちんと描かせる実践や診断的見方などを再検討。「楽しさ」を基点にした画期的な指導を提起。　4-89464-009-0　A5判・本体2200円
⑤ 現代の子育て・母子関係と保育 鈴木佐喜子著	親たちの困難な実態と、そうした親子とともに歩もうとする保育者たちの実践に光を当て、新たな親と保育者の共同のあり方を探る。　4-89464-025-2　A5判・本体2200円
⑥絵本をおもしろがる子どもの心理 もっかい読んで！ 田代康子著	絵本を面白がる「心の動き」から子どもたちの驚くほどの豊かな感情体験をたどっていきます。子どもと絵本を読む楽しさ・大切さに気づかせてくれる。　4-89464-048-1　A5判・本体2200円